Inhaltsverzeichnis

Willkommen zu „What the f*ck is Bitcoin?"

Da du dieses Buch in den Händen hältst, hast du wahrscheinlich schon mal von Bitcoin gehört. Vielleicht hast du dich tatsächlich gefragt: „What the f*ck is Bitcoin?" oder zumindest „Warum reden alle darüber?". Keine Sorge, du bist nicht allein. Bitcoin klingt für viele Menschen zunächst wie ein undurchschaubares Tech-Phänomen – kompliziert, abstrakt und voller Fachbegriffe.
Bäh. 🤢

Genau das soll dieses Buch ändern, denn es ist kein trockenes Sachbuch voller unleserlicher Diagramme und unzähliger Fachwörter. Stattdessen nimmt es dich mit auf eine Reise ins Café Crypto, wo sich zwei Bekannte treffen. Einer von ihnen, Max, setzt sich seit mehreren Jahren mit der Thematik rund um Kryptowährungen auseinander, der andere, Tom, ist neugierig, skeptisch und voller Fragen.
Und das soll auch deine Rolle in dieser Geschichte sein.

Was erwartet dich?

Stell dir vor, du sitzt mit den beiden in einem gemütlichen Café. Du kannst zuhören, wie die beiden über Bitcoin, Blockchain, die Idee dahinter, Kritikpunkte und Risiken sprechen – alles in einer verständlichen und lockeren Atmosphäre. Keine unnötige Komplexität, keine endlosen Definitionen. Stattdessen wirst du Schritt für Schritt in die Welt von Bitcoin eingeführt.

Doch das Buch ist mehr als nur eine Geschichte. Es soll dich aktiv einbinden und dir das Gefühl geben, Teil der Unterhaltung zu sein.

So arbeitest du mit diesem Buch

Damit du das Beste aus „What the f*ck is Bitcoin?" herausholen kannst, ist das Buch in drei Teile strukturiert:

1. Die Geschichte

Die Haupterzählung im Café Crypto ist der Kern des Buches. Hier werden die wichtigsten Themen auf leicht verständliche Weise besprochen. Der Dialog zwischen den beiden Hauptcharakteren ist so aufgebaut, dass du als Leser die Fragen mitdenken und die Antworten unmittelbar erhalten kannst. Ab Kapitel **3** (S.48) fasst Max jeweils das Wichtigste in einem Satz kurz zusammen. Zudem werden Stichworte aufgelistet, die das Nachschlagen erleichtern sollen.

2. Weiterführende Links
Manche Themen sind zu umfangreich, um sie in einer lockeren Unterhaltung komplett abzudecken. Die Informationen von Max sind nach bestem Wissen und Gewissen, teils jedoch stark vereinfacht, zusammengetragen. Ziel des Buches ist es, dem Leser einen einfachen Einstieg und ein grobes Verständnis des Themas Bitcoin zu ermöglichen, weshalb komplexe Vorgänge und Sachverhalte teilweise stark vereinfacht wurden. Ab Kapitel **3** (S. 48) findest du am Ende jedes Kapitels einen QR-Code zu weiterführenden Informationen, falls du tiefer in die Materie eintauchen willst.

3. Offene Fragen
Am Ende des Buches (S. 135) findest du einen weiteren QR-Code, der dich auf eine Webseite mit kurzen, offenen Fragen führt. Hier kannst du überprüfen, ob du die wichtigsten Informationen rund um Bitcoin verstanden hast. Wenn du merkst, dass du eine Frage nicht beantworten kannst,

blättere zurück und lies das Kapitel erneut oder schau bei der weiterführenden Informationen nach. Das Ziel ist, dass du die Konzepte wirklich verstehst und nicht nur oberflächlich mal davon gehört oder gelesen hast.

Warum diese Herangehensweise?

Bitcoin ist komplex – das lässt sich nicht leugnen. Aber es muss nicht unzugänglich sein. Indem die Themen in Form einer Geschichte präsentiert werden, wird trockene Theorie lebendig. Durch die Fragen kannst du prüfen, ob du das Wesentliche verstanden hast, und mit den weiterführenden Links bekommst du die Möglichkeit, selbst tiefer in bestimmte Themen einzutauchen, ohne dich überfordert zu fühlen.

Was nimmst du aus diesem Buch mit?

Nach der Lektüre dieses Buches wirst du nicht nur verstehen, was Bitcoin ist, sondern auch, wie es funktioniert, warum es existiert und welche Chancen und Risiken damit verbunden sind. Du wirst auch in der Lage sein, deine ersten Satoshis – also Bruchstücke eines Bitcoins – zu kaufen – sicher, bewusst und mit einem Verständnis dafür, was du tust. Keine leeren Versprechen, keine Panikmache – nur fundiertes Wissen.

Und das Beste: Du musst kein Technikexperte sein, um dieses Buch zu verstehen. Unsere beiden Protagonisten im Café Crypto führen dich in einer lockeren und nachvollziehbaren Art durch alle wichtigen Themen.

Ein paar Worte zum Schluss

Bitcoin kann vieles sein: revolutionär, riskant, faszinierend, frustrierend – aber vor allem ist es eine Technologie, die nicht ignoriert werden sollte. Dieses Buch soll dir helfen, Unsicherheiten zu überwinden und eine fundierte Meinung bilden zu können. Es wird dir nicht nur erklären, wie Bitcoin funktioniert, sondern dir auch einiges an Werkzeug geben, um selbst Entscheidungen treffen zu können.

Also lehn dich zurück, schnapp dir einen Kaffee und tauche ein in die Welt von Bitcoin. Lass dich von der Geschichte im Café Crypto mitreißen und werde Schritt für Schritt zu jemandem, der Bitcoin wirklich versteht.

1

Es war ein strahlender Herbstmorgen, doch für Tom fühlte es sich an, als wäre er in eine andere Welt eingetreten, als er die Tür zum Café Crypto öffnete. Die Luft draußen war warm und frisch, typisch für diese Jahreszeit. Es roch nach nassem Asphalt und aus der Ferne ertönte das Lachen spielender Kinder. Ein sanftes, metallisches Klingeln erklang, als er ins Café eintrat, und sofort umfing ihn ein einzigartiger Duft – frisch gemahlener Kaffee, vermischt mit einem Hauch Zimt. Es hätte beruhigend wirken können, aber Tom fühlte eine elektrisierende Spannung in ihm aufsteigen, als er diesen speziellen Ort betrat.

Max hatte diesen Treffpunkt vorgeschlagen – natürlich. Max war immer einen Schritt voraus, ständig auf der Jagd nach dem Neuen, dem Digitalen, dem, was die Welt morgen verändern würde. Und Bitcoin? Das war natürlich genau sein Ding. Doch Tom, der sich zwar für neue technologische Fortschritte interessierte, fühlte sich bei dem Gedanken an Bitcoin wie ein Kind, das versucht, die

Bedienungsanleitung eines intergalaktischen Raumschiffs zu entschlüsseln.

Als er sich umsah, stellte er sofort fest, dass dies kein gewöhnliches Café war. Keine bunte Menütafel, keine flackernden Kerzen auf den Tischen, keine lauten Gespräche. Stattdessen empfing ihn eine Atmosphäre, die gleichzeitig modern und geheimnisvoll wirkte. Die runden Tische waren aus massivem Holz gefertigt, poliert und elegant, dünne Glasplatten lagen darauf. Darunter sah man große Symbole, sauber und präzise ins Holz eingelassen und mit einem sanften, hellen Blau beleuchtet. Auf dem Tisch zu seiner Rechten prangte das ikonische Bitcoin-Zeichen, ein goldenes „₿", das unter der dezenten blauen Beleuchtung fast zu glühen schien. Weiter hinten entdeckte er andere Symbole – Ethereum, Ripple, Solana. Jedes Zeichen war wie ein stiller Wächter seines Tisches, als würde der Raum flüstern: „Setz dich. Lerne. Tritt ein in die Zukunft des Geldes." Die Wände waren im selben hellen Blau gestrichen, was dem Raum einen futuristischen Look verlieh. Ein Ort, an dem Menschen sich trafen, um die Dinge zu besprechen, die in den kommenden Jahren die Welt bestimmen würden.

Im Hintergrund entdeckte Tom eine lange, elegante Bar. Eine einzelne Getränkekarte war in der Mitte der Theke aufgestellt. „Krypto-Cocktails", las Tom grinsend – der übliche Kaffee, nur umbenannt und für das Dreifache des Preises verkauft. „Halt völlig übertrieben, wie der ganze Hype um Krypto", seufzte Tom leise.

Der Barista – jung, glatzköpfig, aber dafür mit einem üppigen, kunstvoll gezwirbelten Bart – nickte ihm zu, während Tom sich der Theke näherte. „Bitcoin-Latte oder lieber einen Ripple-Espresso?", fragte er mit einem schiefen Lächeln.

Tom lächelte etwas müde zurück. Er war noch nicht bereit für solche Insider-Witze. Er wusste ja noch nicht einmal, was Bitcoin im Grunde genau war. „Nur einen schwarzen Kaffee, bitte."

Während der Barista den Kaffee zubereitete, ließ Tom sich in einem der überraschend simplen Sessel nieder, die um den Tisch mit dem Bitcoin-Zeichen standen. Er schaute zu den anderen Tischen und musterte die Personen, die dort saßen. Er dachte sich, dass einige dieser Leute sich vermutlich schon seit Jahren mit Bitcoin beschäftigten, und er beneidete sie um ihre tiefen Einsichten in dieses Thema. Für Tom wirkte es, als würden hier Unmengen von Informationen vor der Öffentlichkeit verborgen kursieren. Das Café schien eine eigene Welt zu repräsentieren, die neben der ‚normalen' Welt koexistieren konnte.

Er fühlte sich wie ein Außenstehender, der gewisse Zweifel an den Systemen der eigenen Welt bekommen und bereits vor Jahren von einer Alternative gehört hatte. Bitcoin war schon lange immer mal wieder in Gesprächen angeschnitten worden, aber nie hatte es sich so real angefühlt wie jetzt. Hier, umgeben von all den Symbolen und der geheimnisvollen Aura des Cafés, spürte Tom eine Verbindung zu dieser anderen Welt, als wäre ein verborgener Pfad plötzlich sichtbar geworden. Er ließ seinen Blick weiter durch den Raum schweifen und dachte an die Gespräche, die er über die Jahre mit Freunden und Kollegen geführt hatte. Sie hatten von Bitcoin und Blockchain gesprochen, wie von einem technischen Kuriosum oder einem Anlageexperiment, das wohl bald wieder in der Versenkung verschwinden würde. Doch Bitcoin blieb – und hatte sich zu einem eigenen Paralleluniversum entwickelt, das man entweder ignorierte oder zu verstehen begann.

Er wusste, dass er in dieses Universum eintauchen wollte. Doch Zweifel nagten in ihm. Die Schlagzeilen, die er gelesen hatte – über extreme Kursschwankungen, Hacks und Menschen, die alles verloren hatten, weil sie ihre Zugangscodes verlegt hatten. Er erinnerte sich an die Argumente gegen Bitcoin: umweltbelastend, ein Spekulationsobjekt, ein Spielzeug für Tech-Nerds und Kriminelle. Und doch... hier saß er und spürte, dass hier mehr auf ihn wartete als bloße Technologie und Profit.

Max war noch nicht da, als der Bariste mit seinem Kaffee auf einem Tablett an seinen Tisch trat und ihn ihm kommentarlos vor die Nase setzte, und das war Tom gerade recht. Er brauchte einen Moment, um diese Atmosphäre auf sich wirken zu lassen, um sich mit dem Gedanken anzufreunden, dass er – wenn auch nur für kurze Zeit – ein Teil dieser digitalen Revolution sein könnte.

Am ersten Tisch, direkt links von der Tür, saß ein schlaksiger junger Mann, kaum älter als Mitte zwanzig. Er trug einen schwarzen Kapuzenpullover, den er über den Kopf gezogen hatte, sodass ein Teil seines Gesichts im Schatten der Kapuze lag. Tom konnte nur ein paar unrasierte

Kinnhaare und die dunklen Ränder unter seinen Augen erkennen, die auf lange Nächte vor dem Bildschirm hinwiesen. Vor ihm lag ein schlanker Laptop mit einer Vielzahl von Aufklebern – Symbole von Bitcoin und anderen kryptografischen Motiven sowie ein Sticker, der „Code is Poetry" sagte.

Tom entdeckte auch eine Frau, die ein wenig abseits saß. Sie wirkte souverän, fast unnahbar – eine Geschäftsfrau in den Vierzigern, perfekt gekleidet in einem dunklen Blazer und mit einem Koffer neben sich. Sie hatte ihr langes blondes Haar in einem strengen Dutt gebunden. Ihr Laptop, ein ultradünnes Highend-Modell, lag vor ihr auf dem Tisch. Sie sprach leise in ihr Headset, die Stimme ruhig, aber entschlossen. Tom konnte sich gut vorstellen, dass sie eine der wenigen war, die die Kryptowelt nicht aus Leidenschaft, sondern aus rein geschäftlichem Interesse verfolgten. Vielleicht war sie eine Investorin, die mit kühlem Blick nach dem nächsten großen Ding suchte, oder eine Unternehmerin, die sich in diese unbekannte Sphäre vorgewagt hatte, um ihre Firma auf das nächste Level zu bringen. Was auch immer sie tat, sie war kein Neuling. Das erkannte Tom an der Art, wie sie auf ihren Bildschirm starrte, die Augen scharf und fokussiert. Sie wusste, wie das Spiel funktionierte, und sie war bereit, mitzuspielen.

Bevor Tom mit dem Scannen des Raums weitermachen konnte, ließ ihn eine bekannte Stimme aufhorchen. „Guten Morgen, Tom! Na, bist du schon in der Zukunft angekommen?", kam es in voller Lautstärke aus Richtung Eingang. Toms Blick – wie der sämtlicher Gäste – flog zur Eingangstür, wo Max hineingekommen war und mit ausgestreckten Armen dastand. Er hatte ein breites Lächeln im Gesicht. Zum Glück kennt mich hier niemand, dachte Tom und schüttelte lachend den Kopf.

2

„Und, was sagst du? Der perfekte Ort für unser Bitcoin-Date, oder?" Max lachte, als er zu Tom trat.

Tom grinste zurück und versuchte, die überwältigende Atmosphäre mit einem scherzhaften Kommentar zu überspielen. „Ja, äh... sicher. Sieht ziemlich... futuristisch aus." Sein Blick glitt zum auffälligen Bitcoin-Symbol, das unter dem Glas in das Holz eingraviert war. „Ich war mal so frei, mich an diesen Tisch zu setzen?"

Max setzte sich. „Passt doch perfekt! Der Ehrenplatz."

Tom schaute sich um. „Falls du mir am Ende doch nicht erklären kannst, was Bitcoin ist, kann ich mich wenigstens an den coolen Symbolen erfreuen."

Max blickte zum Barmann und nickte ihm kurz zu. Als er Tom wieder ansah, grinste er noch immer und erwiderte: „Oh, keine Sorge, Tom. Wenn ich mit dir fertig bin, wirst du Bitcoin nicht nur verstehen – du wirst wie ein Guru davon predigen." Max lachte laut los und Tom fiel ein Stein vom Herzen, als er erkannte, dass Max nur einen Witz gemacht hatte und ihn nicht ernsthaft bekehren wollte.

„Ich sehe, du wurdest bereits von Baslo bedient. Wartest du denn schon lange?", fragte Max beiläufig. Er war offenbar nicht so nervös wie Tom, denn seine Art strahlte eine Selbstsicherheit aus, die Tom manchmal irritierte, besonders, wenn es um so komplexe Themen wie Bitcoin ging.

„Nein, gerade genug, um mich hier etwas umzuschauen. Ich nehme an, Baslo ist der Barista?"

Max nickte und winkte dem unaufgeregten, strammen Mann hinter der Theke zu, welcher sofort aufhörte, eine Tasse mit einem weißen Handtuch zu trocknen, und in einer bemerkenswert stoischen Art zu ihrem Tisch kam.

„Hallo Max, Ich nehme an, ich darf dir das Übliche bringen? Und ich sehe, du hast neuen Gast dabei. Der normale Kaffee. Sehr erfreut, ich bin Baslo", zwinkerte er Tom zu und streckte ihm seine Hand entgegen. „Welche Kryptowährung ist denn heute das Thema, Max?"

„Wir beginnen ganz vorne."

Baslo lächelte freundlich. Mit einer Art Vorfreude in der Stimme sagte er zu Tom: „Dann wünsche ich auf dieser Reise viel

Vergnügen. Max hier kannst du mit Fragen löchern." Er drehte sich um und ging, ohne auf eine Antwort zu warten, zurück hinter die Theke.

„Spezieller Typ", meinte Tom, als Baslo außer Hörweite war.

Max lachte kurz auf und stimmte ihm zu. „Ja, in der Tat. Ein wenig extrovertiert, aber wirklich ein sehr netter Typ."

„Nun gut, Max. Mal schauen, ob du mir Bitcoin erklären kannst und ob das tatsächlich ein Vergnügen wird oder mir am Ende nicht doch der Kopf raucht. Momentan verstehe ich nämlich nur Bahnhof."

„Also gut, wo sollen wir denn anfangen... Erzähl mir doch einfach mal, was du bereits alles über Bitcoin weißt oder zu wissen glaubst, und dann sehen wir, wie sich das Gespräch entwickelt."

Tom fühlte sich ertappt, denn er hatte zwar schon einige Male von Bitcoin gelesen oder oberflächliche Gespräche darüber geführt, aber Max jetzt konkret zu erklären, was *genau* Bitcoin war, schien ihm ziemlich schwer. Er versuchte, seine Gedanken zu sortieren, zuckte schlussendlich mit den Schultern und begann: „Nun, ich weiß, dass Bitcoin eine Art digitales Geld ist. Es ist anonym und wird oder wurde häufig für kriminelle Zwecke verwendet. Es braucht viel Strom, aber trotzdem scheint es einen mega Hype auszulösen und viele Menschen sind über Nacht Millionäre geworden. Andere haben sich verspekuliert und all ihre Ersparnisse verloren oder sie wurden gehackt und ihnen wurde viel Geld gestohlen. Das ist zumindest das, was ich gelesen oder gehört habe. Aber ehrlich gesagt, klingt das für mich alles nach Science-Fiction. Wir haben doch schon Geld. Warum brauchen wir noch ein anderes digitales Geld? Ich verstehe den ganzen Hype einfach nicht ..."

Max hatte Tom die ganze Zeit über interessiert zugehört. Baslo kam an ihren Tisch und brachte Max' Bestellung.

„Danke dir, Baslo." Dieser nickte Max zu und ging wortlos zum nächsten Tisch. „Zurück zum Thema. Ja, das, was du soeben aufgezählt hast, ist, was gängig über Bitcoin bekannt ist. Bitcoin ist eine digitale Währung, aber sie unterscheidet sich doch ziemlich stark von dem, was wir bisher allgemein hin kennen. Der größte Unterschied ist jedoch, dass keine Bank, keine Regierung, keine Firma hinter Bitcoin steht. Es ist völlig unabhängig."

Tom sah Max verwundert an. „Unabhängig? Aber ist denn unser Geld abhängig? Ich meine, ich kann doch selbst entscheiden, für was oder ob ich überhaupt mein Geld ausgeben will. Zudem haben wir doch schon Online-Banking und Kreditkarten. Das heißt, unser Geld ist bereits digital. Und es gibt ja schon einen Haufen Währungen … Warum benötigt man jetzt noch eine zusätzliche? Das macht doch alles nur komplizierter, oder?"

Max stellte sein Glas auf den Tisch und lehnte sich vor, um Tom direkt in die Augen zu sehen. „Genau. Der Franken – und alle anderen Währungen weltweit – haben eines gemeinsam: Sie werden von einer Zentralbank oder einem Staat ausgegeben, die die Menge des Geldes beeinflussen können. Der größte Unterschied zu Bitcoin ist, dass es bei Bitcoin keine zentrale Institution gibt, die es kontrolliert. Keine Bank, keine Regierung – niemand. Du kannst es dir wie digitales Bargeld vorstellen, welches du direkt an eine Person auf der anderen Seite der Welt schicken kannst, ohne dass eine Drittperson dazwischengeschaltet ist. Es läuft alles über ein dezentrales Netzwerk."

„Dezentrales Netzwerk?", wiederholte Tom skeptisch. „Das heißt, niemand oder alle können mitmischen? Und niemand hat die Kontrolle über Bitcoin? Das klingt ziemlich chaotisch."

Max nahm eine Serviette vom Tisch, holte einen Stift aus seiner Jackentasche und begann, auf der Serviette zu zeichnen. „Nicht chaotisch, sondern organisiert – aber ohne zentrale Kontrolle. Stell dir Bitcoin wie ein riesiges öffentliches Kassenbuch vor. Dieses Kassenbuch, die sogenannte Blockchain, wird von Tausenden Computern auf der ganzen Welt geführt. Jeder kann sehen, welche Transaktionen stattfinden, und die Computer im Netzwerk prüfen und bestätigen diese Transaktionen."

Er zeichnete ein paar kleine Blöcke, die miteinander verbunden waren, auf die Serviette. „Das hier ist die Blockchain. Jeder Block enthält eine Gruppe von Transaktionen, und sobald ein Block bestätigt wird, wird er zur Kette hinzugefügt. Dadurch entsteht eine lange, unveränderliche Liste aller Bitcoin-Transaktionen."

Tom runzelte die Stirn, während er Max' Skizzen betrachtete. „Bitte was? Das klingt sehr kompliziert und ich glaube nicht, dass ich das alles verstanden habe ... Das wirst du mir einfacher erklären müssen ... Wenn tatsächlich alles dezentral ist, wie kann ich mir denn sicher sein, dass alles funktioniert? Wer kontrolliert denn, dass niemand betrügt?"

„Das sind alles sehr gute Fragen! Dafür haben wir uns heute hier getroffen", antwortete Max, während er einen Schluck nahm und sein Glas in den Händen hielt, als wärme er sich an seinem Getränk auf. „Wir sollten uns Zeit nehmen, um alles Schritt für Schritt durchzugehen. Ich habe jede Menge Zeit mitgebracht, um dir all deine Fragen zu beantworten, damit du Bitcoin am Ende auch tatsächlich verstehst." Er nahm noch einen Schluck und stellte sein Glas vorsichtig auf den Tisch, ehe er fortfuhr: „Lass es mich so erklären: Stell dir vor, du und deine Freunde spielen ein Würfelspiel und ihr führt eine Liste darüber, wer wie viele Punkte hat. Diese Liste schreibt ihr nicht nur auf ein einzelnes Blatt Papier, sondern jeder von euch hat seine eigene Kopie der Liste. Jedes Mal, wenn jemand Punkte bekommt oder verliert, wird es auf allen Listen gleichzeitig und automatisch aufgeschrieben. Alle können sofort sehen, dass die Änderung stattgefunden hat. Und weil alle die gleiche Liste haben, kann niemand heimlich etwas ändern oder hinzufügen, ohne dass es die anderen merken. Sollte ein Mitspieler behaupten, er habe einen Punkt mehr, als auf der Liste steht, würden die anderen Mitspieler ihre Listen überprüfen können und sofort sehen, dass das nicht stimmt, denn der Verlauf der Punktevergabe ist von Anfang an auf dieser Liste niedergeschrieben."

„Okay, aber was ist, wenn ich oder einer der anderen Spieler einfach einen neuen Bitcoin erschafft? Also neue Punkte vergibt?"

„Das kann niemand", erklärte Max geduldig. „Jeder Bitcoin wird durch einen komplexen Prozess erstellt, der Mining genannt wird. Um einen neuen Bitcoin zu erschaffen, müssen die Miner – das sind Computer, die das Netzwerk am Laufen halten – in diesem Netzwerk jeweils eine komplexe Aufgabe lösen, und das wiederum erfordert eine hohe Rechenleistung. Um zurück zu unserem Beispiel mit dem Würfelspiel zu kommen: Weder die anderen Spieler, noch du, noch sonst wer kann einfach einen neuen Bitcoin erschaffen oder ‚neue Punkte vergeben'."

„Nun …", begann Tom, während er nach Worten suchte. „Warum sollte ich Bitcoin denn überhaupt benutzen wollen, wenn ich auch einfach Bargeld oder meine Kredit-karte nutzen kann?"

Max nickte und lehnte sich entspannt zurück. „Ich glaube, das fragt sich jeder, wenn er oder sie das erste Mal von Bitcoin hört... Bitcoin gibt dir die Kontrolle über dein eigenes Geld und schützt vor Inflation oder plötzlichen Eingriffen von Drittpar-teien wie Banken oder Regierungen. Das bedeutet: Nur du kannst über dein Geld verfügen, und niemand kann einfach mehr Bitcoin erschaffen und damit den Wert dei-nes Besitzes verringern. Außerdem kannst du damit weltweit Geld überweisen, ohne auf eine Bank oder Zahlungsanbieter ange-wiesen zu sein – quasi wie digitales Bar-geld. Meist wird es jedoch eher als eine Art ‚digitales Gold' bezeichnet."

Tom dachte einen Moment nach. Den Vergleich mit dem Bargeld verstand er, aber warum Gold? Er hatte diesen Aus-druck schon gehört, aber nie ganz nachvoll-ziehen können. „Digitales Gold? Was genau bedeutet das?"

„Bitcoin wird oft als ‚digitales Gold' be-zeichnet, weil es einige Eigenschaften mit Gold teilt. Beide sind begrenzt verfügbar: Gold durch die Natur und Bitcoin durch mathematische Vorgaben im Code, die ihn auf 21 Millionen Einheiten beschränken. Beide sind resistent gegen Fremdbestimmung und können nicht einfach wertlos gemacht werden. Gold wird seit Jahrhunderten, als Wertspeicher geschätzt, und für viele erfüllt Bitcoin heute eine ähnliche Funktion. In der Vergangenheit haben Regierungen den Besitz von Gold und Bitcoin zeitweise verboten, um ihre eigenen Währungen und deren Kaufkraft zu schützen. Doch solche Verbote sind oft schwierig durchzusetzen, da weder Gold noch Bitcoin einer zentralen Partei gehören – sie sind weltweit verteilt. So verbot etwa die US-Regierung 1933 den privaten Goldbesitz, um eine Schwächung des US-Dollars zu verhindern. Auch Bitcoin war und ist in manchen Ländern immer wieder verboten, wie derzeit in China, wo Handel und Mining unterbunden sind. Solche Einschränkungen können jedoch oft umgangen werden, weshalb Verbote selten langfristig erfolgreich sind."

Toms Neugierde war geweckt. „Interessant, dass Bitcoin so oft mit Gold verglichen wird. Verstehe ich das richtig, dass du glaubst, die Verbote hätten keinen Einfluss auf den Wert von Bitcoin? Ich frage mich, wie sicher das wirklich ist, wenn weltweit immer mehr Regierungen anfangen würden, stärker gegen Bitcoin vorzugehen. Schließlich könnten sie den Zugang zu Bitcoin stark einschränken – und dann wäre es vielleicht nicht mehr so leicht zugänglich, oder?"

Max hob die Augenbrauen, dann schmunzelte er. „Ein starker Einwand, Tom. Nach meiner Ansicht – du kannst das natürlich anders sehen – wird es weltweit niemals eine vollständige Einigkeit geben. Das heißt, selbst wenn der unwahrscheinliche Fall eintreten sollte, dass alle Staaten Bitcoin gleichzeitig verbieten, würden die Menschen dennoch den Nutzen kennen und es weiterhin nutzen. Mit dem Unterschied, dass es in diesem Szenario dann tatsächlich illegal wäre. Was zum Beispiel in Nigeria nach dem Bitcoin-Verbot passiert ist, zeigt aber, dass auch das Gegenteil eintreffen kann. Nigeria hat ein Verbot ausgesprochen, was das Interesse der Bevölkerung an Bitcoin aber nicht reduzierte, sondern sogar verstärkte. Lediglich zwei Jahre nach der Einführung des Verbots wurde es wieder aufgehoben. Aber lassen wir uns zurück zur eigentlichen Frage kommen: Was ist Bitcoin eigentlich?"

Max zwinkerte ihm zu, grinste und deutete mit dem Zeigefinger auf die bemalte Serviette. „Lass uns über Dezentralität sprechen. Ein großer Vorteil von Bitcoin ist, dass das Netzwerk schon jetzt sehr umfangreich ist. Stell dir vor, du hättest ein Netzwerk, das nur aus einem Computer besteht. In diesem Fall würden zwei weitere Computer die Mehrheit der Rechenleistung kontrollieren und die Informationen manipulieren. Glücklicherweise sind es heute nicht mehr nur ein oder zwei Computer, die das Netzwerk repräsentieren – es sind Tausende, die zusammenarbeiten. Wenn ein Computer versucht, falsche Informationen einzufügen, wird das vom restlichen Netzwerk erkannt und abgelehnt. Die Blockchain ist so aufgebaut, dass Manipulationen schwierig und kostspielig sind. Und je größer das Netzwerk wird, desto schwieriger wird es, einen erfolgreichen Angriff durchzuführen."

Tom hörte aufmerksam zu, als Max ihm erneut die Serviette zeigte, und langsam schien ihm die Idee der Dezentralität einzuleuchten. Er nickte, aber er wollte sicherstellen, dass er es wirklich verstanden hatte. „Okay, ich verstehe – das Netzwerk sorgt also dafür, dass keine einzelne Partei einfach irgendetwas manipulieren kann. Aber ... was passiert, wenn trotzdem jemand die Kontrolle erlangt? Es klingt zwar sicher, aber es gibt ja schon mächtige Gruppen, die theoretisch genug Rechenleistung hätten, um so etwas zu versuchen, oder? Was wäre, wenn ein Land oder ein riesiges Unternehmen genug Rechner zusammentrommelt, um die ‚Mehrheit der Rechenleistung' zu erreichen, von der du gesprochen hast? Tausende Computer klingen zwar solide, aber irgendwie bleibt ein gewisser Zweifel... Weißt du, was ich meine? Es ist immer noch Technik. Und wie du selbst gesagt hast – jedes Netzwerk hat einen Anfang. Vielleicht ist es heute sicher, aber wie sicher kann es in zehn, zwanzig Jahren wirklich noch sein?"

Max nickte, als er Toms Bedenken hörte, und begann geduldig zu erklären: „Ich weiß, was du meinst, Tom! Das wird als 51-%-Angriff bezeichnet. Wenn eine Partei 51 % der gesamten Rechenleistung im Netzwerk kontrollieren würde, könnte diese Partei theoretisch einige Manipulationen vornehmen. Zum Beispiel könnte sie Transaktionen, die sie selbst getätigt hat, rückgängig machen und damit eine doppelte Ausgabe (Double-Spending) erzeugen. Allerdings könnten durch solch ein Double-Spending nicht einfach Bitcoin aus anderen Wallets gestohlen oder das gesamte Protokoll verändert werden. Ein solcher Angriff würde nur bestimmte, begrenzte Manipulationen ermöglichen – aber ja, das wäre ein Problem für das Vertrauen in Bitcoin." Max lehnte sich etwas vor und fuhr fort: „Aber: Das Bitcoin-Netzwerk ist inzwischen so groß und die Rechenleistung so verteilt, dass es unglaublich teuer und logistisch sehr schwer wäre, 51 % der Rechenleistung zu kontrollieren. Solche Angriffe sind weit mehr als nur eine technische Herausforderung – sie wären sehr kostspielig. Ein potenzieller Angreifer müsste Milliarden investieren, um eine solche Kontrolle zu erlangen, und das nur für einen begrenzten Einfluss. Wenn das Vertrauen in die Blockchain verloren ginge, würde das dem Wert von Bitcoin massiv schaden. Die Sicherheit von Bitcoin basiert darauf, dass es wirtschaftlich unvernünftig wäre, so viel Aufwand in eine Manipulation zu stecken. Solange das Netzwerk dezentral bleibt und weiterwächst, bleibt die Wahrscheinlichkeit eines erfolgreichen 51-%-Angriffs sehr gering. Das bedeutet: Je größer das Netzwerk, desto sicherer wird es."

Tom nickte nachdenklich. „Okay, das macht Sinn – je mehr Leute und Computer am Netzwerk beteiligt sind, desto sicherer wird es. Aber ich frage mich: Wenn das Netzwerk immer größer wird, gibt es dann nicht irgendwann Nachteile? Kann es sein, dass durch so viele Teilnehmer das System langsamer oder teurer wird?"

„Genau, Tom, das ist ein wichtiger Punkt. Es gibt dafür sogar einen Namen: das Blockchain-Trilemma. Es beschreibt die Herausforderung, eine Blockchain zu schaffen, die gleichzeitig sicher, skalierbar und dezentral ist. Die meisten Blockchain-Projekte sind in einem oder zwei dieser Punkte sehr gut, aber nie in allen drei gleichzeitig. Bitcoin zum Beispiel ist dezentral und sicher, hat jedoch Schwierigkeiten, die Skalierbarkeit zu gewährleisten", erklärte Max.

„Was genau bedeutet es, dass Bitcoin mit Herausforderungen in der Skalierbarkeit zu kämpfen hat? Und was ist Skalierbarkeit überhaupt?", wollte Tom wissen.

„Skalierbarkeit bedeutet, dass ein System mit zunehmender Nachfrage oder einer steigenden Anzahl von Nutzern effizient umgehen kann, ohne an Leistung zu verlieren. Für Bitcoin bedeutet das, dass das Netzwerk auch bei Millionen gleichzeitiger Transaktionen schnell und kostengünstig arbeiten soll", erklärte Max. „Das Problem ist", fuhr Max fort, „dass Bitcoin derzeit nur etwa sieben Transaktionen pro Sekunde abwickeln kann. Im Vergleich dazu kann Visa zum Beispiel mehrere Tausend Transaktionen pro Sekunde verarbeiten. Das heißt, dass Transaktionen manchmal langsamer durchgeführt werden und teurer sind, wenn das Netzwerk stark ausgelastet ist – vor allem dann, wenn viele Leute gleichzeitig Transaktionen senden möchten."

„Und warum kann man das nicht einfach schneller und günstiger machen?", fragte Tom.

„Das liegt an der Art und Weise, wie Bitcoin aufgebaut ist – und genau hier kommt das Blockchain-Trilemma ins Spiel. Bitcoin legt großen Wert auf Sicherheit und Dezentralität. Jede Transaktion muss von vielen Rechnern im Netzwerk geprüft und bestätigt werden, um sicherzustellen, dass sie gültig ist. Dieser sogenannte Konsensmechanismus benötigt Zeit und Ressourcen. Schnellere Transaktionen würden wahrscheinlich die Sicherheit beeinträchtigen oder dazu führen, dass nur noch wenige große Teilnehmer das Netzwerk kontrollieren, was der Dezentralität schaden würde."

Tom runzelte die Stirn. „Das hört sich aber für ein revolutionäres Geldsystem nicht besonders gut an ..."

„Ich bin ja auch noch nicht fertig." Max schmunzelte. „Es gibt bereits einige Ansätze, die an dieser Problematik arbeiten, wie zum Beispiel das Lightning Network. Das ist eine sogenannte ‚zweite Schicht' über dem Bitcoin-Netzwerk, die kleinere Transaktionen schneller und kostengünstiger abwickeln kann. Für alltägliche Zahlungen oder kleinere Beträge stellt das Lightning Network also eine sehr gute Lösung dar, ohne die grundlegenden Prinzipien von Bitcoin zu gefährden."

Tom sah ihn skeptisch an. „Und du erwartest, dass die Leute dem einfach so vertrauen, dass das so funktioniert? Was ist, wenn sich die Technologie weiterentwickelt und irgendwann jemand einen Weg findet, die Blockchain oder das Lightning Network zu hacken?"

Max zuckte unbeeindruckt mit den Schultern. „Natürlich kann man nie 100 % sicher sein. Aber auch beim Lightning Network gibt es zahlreiche Sicherheitsmechanismen, die das System schützen. Falls es doch einmal zu einem Angriff kommen sollte, würde dieser nur den betreffenden Teil des Lightning Networks und nicht die gesamte Blockchain treffen. Das bedeutet, dass der Angriff lokal bleiben und nicht das Bitcoin-Netzwerk als Ganzes gefährden würde. Dass man nie zu 100 % sicher sein kann, gilt jedoch meiner Meinung nach auch und sogar noch mehr für die traditionellen Finanzsysteme. Banken gehören zu den beliebtesten Zielen für Hacker-Angriffe, und trotzdem nutzen wir sie täglich. Der große Unterschied bei Bitcoin ist, dass die Blockchain transparent ist. Du kannst das Netzwerk jederzeit selbst überprüfen, wenn du willst. Es gibt keine versteckten Machenschaften, keine Bankmanager, die riskante Wetten eingehen und dich im Dunkeln lassen."

Tom nickte langsam, doch er verstand noch immer nicht, was Bitcoin von „normalem" Geld unterscheidet. „Bitcoin ist also sicherer gegenüber Hackerangriffen, aber warum sollte es besser sein als das, was wir jetzt haben? Mein Geld auf der Bank funktioniert doch auch."

„Das stimmt", gab Max zu und nahm einen weiteren Schluck. „Aber was passiert, wenn eine Bank pleitegeht oder eine

Regierung beschließt, dein Konto einzufrieren? Und bevor du die Augen verdrehst, solche Dinge passieren öfter, als du vielleicht denkst. 2013 zum Beispiel in Zypern. Über Nacht wurden dort die Konten aller Einwohner eingefroren und es gab Zwangsabgaben, bemessen am individuellen Vermögen auf der Bank. Und das ist kein Einzelfall. Ähnliches ist auch in den USA, Griechenland, Indien, Venezuela, China und Kanada passiert – und zwar in den letzten 16 Jahren, seit der Finanzkrise 2008."

„Aber das ist doch alles weit weg ...", sagte Tom, noch immer skeptisch.

„Ich verstehe, dass es schwer vorstellbar ist", fuhr Max fort, „aber auch hierzulande gibt es Beispiele für staatliche Eingriffe, die den Zugang zu Bankkonten beeinflussen können. Zudem gibt es noch die Problematik der Inflation. Hast du schon von der Situation in Argentinien gehört? Dort gab es im Jahr 2024 eine Inflation von über 200%. Das bedeutet, dass dein Geld anfangs 2025 nur noch einen Drittel wert war. Ein Betrag von 1.000 Pesos zu Jahresbeginn 2024 hatte ein Jahr später lediglich noch eine Kaufkraft 333 Pesos. Wenn du dein Geld noch länger sparst, könntest du immer weniger Waren mit deinem Geld kaufen."

Max sah Tom lange an, um sicherzustellen, dass er den Punkt verstand, und fuhr dann fort. „Klingt extrem, oder? Aber auch bei einer moderaten Inflation von 2 % jährlich würde das Geld, das du heute auf deinem Sparkonto hast, in etwa 35 Jahren nur noch die Hälfte seines Wertes haben. Sicher, es ist nicht so dramatisch wie in Argentinien, aber auch in vielen westlichen Ländern verliert Geld durch Inflation kontinuierlich an Kaufkraft. Und das wirkt auch nicht besonders stabil, oder? Mit Bitcoin hingegen hast du die vollständige Kontrolle über dein Geld. Niemand kann es dir wegnehmen oder dir vorschreiben, wie du es verwenden sollst. Was noch wichtiger ist: Es wird nie mehr als 21 Millionen Bitcoin geben. Das bedeutet, dass Bitcoin vor einer Inflation geschützt ist, weil die Menge auf lange Sicht begrenzt bleibt und der Wert tendenziell stabiler ist."

Tom verzog das Gesicht. „Das macht doch keinen Sinn, Max. Ganz ehrlich, mich stört die Inflation nicht und hätte ich vor der Covid-Pandemie Bitcoin gekauft, dann hätte ich die Halbierung meines Vermögens innerhalb weniger Monate erlebt. Da hören sich 35 Jahre bis zur Halbierung doch ziemlich gut an, nicht?"

„Ich verstehe, was du meinst, Tom. Der Wert von Bitcoin, gemessen in Fiat-Währungen wie Schweizer Franken, Euro oder Dollar, schwankt in der Tat sehr stark. Was du sagst, klingt auf den ersten Blick logisch, und du hast durchaus recht, wenn du von der Volatilität von Bitcoin sprichst. Diese kann insbesondere auf kurze Sicht zu schmerzhaften Verlusten führen. Aber das ist nicht dasselbe wie Inflation. Während der Preis von Bitcoin in Fiat-Währungen schwanken kann, bleibt die Gesamtmenge an Bitcoin auf maximal 21 Millionen begrenzt. Das ist der Grund, warum Bitcoin kein langfristiges Inflationsproblem hat. Fiat-Geld hingegen, also das Geld, mit dem wir alle anderen Waren und Dienstleistungen bepreisen, ist inflationär – das bedeutet, dass ständig neues Geld in Umlauf gebracht wird, was den Wert des Geldes im Vergleich zu Waren und Dienstleistungen verringert."

Max lehnte sich zurück und gab Tom Zeit, das Gesagte zu verarbeiten, bevor er fortfuhr. „Stell dir vor, du hast eine Tüte mit Murmeln – diese Murmeln repräsentieren den Wert des Geldes. In einem stabilen System bleibt die Anzahl der Murmeln im Verhältnis zu den Waren und Dienstleistungen, sodass der Wert jeder einzelnen Murmel relativ konstant bleibt. In einem Fiat-System ist es hingegen so, als würden jedes Jahr neue Murmeln in die Tüte geworfen. Mehr Murmeln bedeuten, dass jede bestehende Murmel an Wert verliert, weil es nun mehr gibt, ohne dass sich die Anzahl der Waren und Dienstleistungen, die du damit kaufen kannst, entsprechend erhöhen muss. Das ist es, was mit Inflation passiert: Es gibt immer mehr Murmeln, also mehr Geld, aber der Wert bleibt nicht stabil, weil das Geldangebot wächst, ohne dass die Kaufkraft proportional zunimmt."

„Das wäre dann der Unterschied zu Bitcoin, oder?", fragte Tom nachdenklich.

„Genau", antwortete Max. „Mit Bitcoin gibt es keinen Inflationsdruck. Der Wert von Bitcoin kann zwar schwanken, aber langfristig betrachtet schützt es vor Inflation, weil das Angebot nicht beliebig vermehrt werden kann."

Tom nickte. „Verstehe", sagte er, „also je mehr Geld gedruckt wird, desto mehr Murmeln kommen in die Tüte, und was ursprünglich eine bestimmte Anzahl war, reicht irgendwann nicht mehr aus, um dasselbe zu messen oder zu kaufen."

„Fast", erwiderte Max. „Die Inflation lässt sich nicht nur anhand der Menge des Geldes messen. Aber es ist logisch, dass eine Zunahme der verfügbaren Murmeln ab einem bestimmten Punkt den Wert der einzelnen Murmeln reduziert. Denn je mehr Murmeln im Umlauf sind, desto weniger wert ist jede einzelne im Vergleich zu den vorhandenen Waren und Dienstleistungen, sofern diese nicht im gleichen Maße gewachsen sind. Die allermeisten Menschen benutzen Fiat-Währungen, weil alles, was gekauft werden kann, in Fiat bepreist ist. Es ist die einfachste Möglichkeit, zu messen, ob du dir etwas leisten kannst. Aber du könntest auch Bitcoin als Murmeln verwenden und nachrechnen, wie sich deine Kaufkraft in Bitcoin im Laufe der Zeit verändert hat."

„Das klingt logisch, habe ich mir aber noch nie wirklich überlegt..."

Max' Augen begannen zu leuchten und seine Stimme wurde lebhafter: „Spannend, oder? Du kannst deine Kaufkraft mit verschiedenen Werten messen, wobei manche besser geeignet sind als andere. Gold zum Beispiel ist ein hervorragendes Maßband.

Wenn der Preis für eine Unze Gold heute deutlich höher ist als vor zehn Jahren, obwohl die neu geförderte Goldmenge in diesem Zeitraum nur leicht gestiegen ist, zeigt das, dass deine Währung gegenüber Gold fast in dem Maße an Wert verloren hat, wie der Goldpreis gestiegen ist."

Tom nahm einen weiteren Schluck seines Kaffees und dachte intensiv über das Gehörte nach. „Das hört sich alles logisch an. Aber wenn Bitcoin nicht inflationär ist, ist es dann nicht automatisch das Gegenteil? Ich glaube, das heißt Deflation? Ist das denn nicht auch problematisch?"

„Ja, genau, das hast du richtig erkannt. Wenn eine Währung wie Bitcoin nicht inflationär ist, kann sie deflationäre Tendenzen aufweisen. Bei Bitcoin gibt es ja die Obergrenze von 21 Millionen Stück. Wenn die Nachfrage nach Bitcoin steigt, aber das Angebot nicht steigen kann, steigt der Preis. Das klingt erst mal gut und spannend, weil der Wert im Laufe der Zeit und bei steigender Nachfrage eher steigt, anstatt zu sinken. Das Problem der Deflation kommt dann zum Zug, wenn alle Menschen erwarten, dass Bitcoin in Zukunft noch wertvoller wird und diese dann nicht ausgeben, sondern horten. Das ist sehr problematisch in einer Wirtschaft, wie wir sie haben, die auf Konsum basiert, weil plötzlich niemand mehr Geld ausgeben will und dadurch weniger produziert wird, was zu einer schrumpfenden Wirtschaft führt, in der es allen schlechter geht. Bei Bitcoin ist die Situation jedoch etwas anders, weil er primär als Wertspeicher und weniger als Konsumwährung gesehen wird. Leute kaufen Bitcoin eher als digitales Gold und nicht, um ihre Brötchen damit zu bezahlen. Deswegen ist Deflation bei Bitcoin nicht so problematisch wie bei einer klassischen Währung wie dem Franken oder Euro. Zusammengefasst: Ja, Deflation kann ein Problem sein – aber bei Bitcoin hängt es davon ab, wie es benutzt wird. Für den Wocheneinkauf ist es weniger geeignet, aber als Wertspeicher funktioniert es gerade deswegen ziemlich gut."

„Aber zurück zur Volatilität", fuhr Max fort. „Heute wirkt Bitcoin so volatil, weil der Preis stark schwankt. Aber wenn du einmal 0,1 Bitcoin besitzt, ändert sich das nicht mehr. Du besitzt dann 0,1 von einem Gut, von dem es niemals mehr als 21 Millionen Stück geben wird. Es ist wie eine Art Anteil an einer limitierten Ressource. 21 Millionen mag nach einer großen Zahl klingen, aber wenn man bedenkt, dass wir gerade rund 8,2 Milliarden Menschen auf der Erde sind, relativiert sich das."

Tom war überrascht von diesem Vergleich. „Interessant ... Dann könnten nicht alle Menschen einen Bitcoin haben? Auch nicht 0,1 Bitcoin. Ist das ähnlich wie Rappen beim Franken oder Cent beim Euro?"

Max lehnte sich zurück und Tom nutze die kurze Pause, um noch einen Schluck seines schwarzen Kaffees zu nehmen. „Genau, wenn Bitcoin gleichmäßig auf alle Menschen verteilt würde, würde jede Person nur etwa 0,0025 Bitcoin besitzen. Hinzu kommt, dass schätzungsweise 3 bis 4 Millionen Bitcoin als für immer verloren gelten, etwa durch verlorene private Schlüssel oder unzugängliche Wallets. Die realistischere Menge an Bitcoin, die maximal im Umlauf sein kann, liegt also eher bei 17 bis 18 Millionen Bitcoin." Er machte eine Pause, damit Tom die Zahlen verdauen konnte, und fuhr dann fort: „Was den zweiten Teil deiner Frage angeht: Bitcoin ist genauso wie der Franken oder Euro in kleinere Einheiten unterteilbar. Allerdings ist Bitcoin noch feiner unterteilbar – bis zu acht Dezimalstellen, das heißt 0,00000001 Bitcoin. Der Franken besteht aus 100

Rappen, der Euro aus 100 Cent und der Bitcoin aus 100 Millionen Satoshis. Man kann Bitcoin also schon mit kleineren Beträgen kaufen, zum Beispiel mit 10 Franken oder 10 Euro."

Tom ließ sich schwer in seinen Sessel sinken, dessen abgenutzte Kanten an viele vergangene Gespräche und lange Diskussionen erinnerten. Seine Hände lagen ruhig auf den Armlehnen, während seine Finger unbewusst mit der Naht spielten. Der Blick blieb auf das Bitcoin-Symbol vor ihm gerichtet, als würde er auf eine Antwort warten. Er versuchte, das komplexe Puzzle von Bitcoin in seinem Kopf zusammenzusetzen.

„Das klingt alles gut und schön", begann er schließlich, „aber warum reden jetzt plötzlich alle wieder darüber? Bitcoin gibt es doch schon eine Weile, oder?" Seine Augen hielten das Symbol fest, als ob es ihm etwas verraten könnte.

Max lehnte sich vor, ein amüsiertes Lächeln spielte auf seinen Lippen. Er schien das Gespräch zu genießen, nicht nur als Informationsaustausch, sondern als ein kleines spannendes Spiel. „Genau" sagte er und ließ das Wort im Raum schweben, bevor er fortfuhr. „Bitcoin wurde 2009 von

Satoshi Nakamoto ins Leben gerufen. Aber in den letzten Jahren ... da ist das Interesse förmlich explodiert. Ein entscheidender Auslöser war sicher der massive Preisanstieg 2020 und 2021. Bitcoin ist von ein paar Hundert auf Zehntausende Franken gestiegen – und das in kürzester Zeit. Plötzlich wollten alle ein Stück vom Kuchen haben. Und viele spekulieren darauf, dass diese Anstiege auch in der Zukunft wiederkommen."

„Also doch so was wie eine Geldmaschine", murmelte Tom mit einem leichten Hauch Ironie, während er den mittlerweile etwas abgekühlten Kaffee an seine Lippen führte. „Es geht also unterm Strich doch nur darum, schnell reich zu werden, oder?" Seine Stimme war ruhig, fast gelangweilt, aber seine Augen suchten nach einer Bestätigung.

Max' Antwort kam sofort. „Wie ich schon sagte", begann er, seine Stimme ruhig und bedacht, „glauben viele tatsächlich, Bitcoin sei nur ein Weg, um schnell reich zu werden." Er machte eine Pause, als wolle er sicherstellen, dass seine Worte sanken, bevor er fortfuhr. „Aber das ist nur die Oberfläche. Bitcoin ist viel mehr – viel, viel mehr."

Tom bemerkte, wie Max' Augen funkelten, und er hörte die Begeisterung in seiner Stimme.

„Es geht um eine Revolution des gesamten Finanzsystems. Stell dir vor, wir könnten die Kontrolle über unser eigenes Geld zurückgewinnen – keine Banken, die uns vorschreiben, wie viel wir besitzen dürfen, keine Staaten, die den Wert unseres Geldes manipulieren. Ein System, das unabhängig ist und für jeden offensteht – egal, woher jemand kommt, wie viel er hat oder welche Überzeugungen er vertritt." Max machte eine kurze Pause, um seinerseits Toms Reaktion zu beobachten, und ließ dann ein leichtes Schmunzeln über seine Lippen gleiten. „Und klar", fügte er mit einem Augenzwinkern hinzu, „wenn man dabei auch noch einen ordentlichen Gewinn mitnehmen kann, ist das natürlich ein netter Bonus."

Tom musste sich ein Lächeln verkneifen. Natürlich würde Max so etwas sagen.

„Also denkst du, dass die Welt in naher Zukunft nur noch mit Bitcoin bezahlt?", fragte Tom neugierig. Max neigte den Kopf leicht und musterte ihn. „Das ist eine sehr gute Frage", antwortete er schließlich. „Ich denke nicht, dass Bitcoin das traditionelle

Geldsystem komplett ersetzen wird. Aber ich sehe es als eine wertvolle Alternative – ähnlich wie Gold. Bitcoin gibt uns die Freiheit, selbst zu entscheiden. Es wird nicht das bestehende System völlig ablösen, sondern mit ihm koexistieren."

Tom ließ sich in seinen Sessel sinken, während Max' Worte in der Stille des Raumes nachhallten. Sie setzten sich fest in seinen Gedanken, schwer und bedeutungsvoll, und er starrte einen Moment lang ins Leere. Die Atmosphäre hatte sich verändert – wie eine ruhige Pause, bevor etwas Großes passiert. Er strich sich nachdenklich über das Kinn und nickte schließlich langsam, als hätte er eine innere Entscheidung getroffen. „Also gut", sagte er entschlossen. „Ich bin gespannt, was jetzt kommt."

Max' Lächeln wurde gefühlt noch breiter und in seinen Augen blitzte etwas auf – wie jemand, der kurz davor ist, ein bedeutendes Geheimnis zu lüften. Er beugte sich ein Stück nach vorn, als wollte er den Moment noch intensiver machen. „Das werde ich dir zeigen", sagte er mit ruhiger Stimme. „Ich komme langsam erst so richtig in Fahrt."

Ein fast spürbares Kribbeln lag in der Luft, als Max sich wieder zurücklehnte, als sei das Spiel nun offiziell eröffnet.

3

Tom wirbelte langsam den letzten Rest seines Kaffees in der Tasse umher. „Okay", begann er schließlich, trank aus und stellte die Tasse mit einem leichten Klirren ab, „fangen wir mal ganz von vorn an. Woher kommt Bitcoin eigentlich? Und wer hat sich das Ganze ausgedacht? Du hast doch was von einem Satoshi erwähnt."

Das breite Grinsen in Max' Gesicht schien gar nicht mehr zu verschwinden. Sein Blick fixierte Tom. „Ah", begann er leise, aber mit hörbarer Begeisterung, „die Geschichte von Bitcoin − eine echte Legende, wenn man so will."

Er hielt kurz inne, um die Spannung zu steigern, und fuhr mit einem noch breiteren Grinsen fort. „Stell dir vor, wir schreiben das Jahr 2008. Die Welt steckt mitten in der größten Finanzkrise seit Jahrzehnten. Banken brechen zusammen, Regierungen schnüren milliardenschwere Rettungspakete, und die Menschen verlieren zunehmend das Vertrauen in das traditionelle Finanzsystem." Max ließ die Worte im Raum stehen und beobachtete Toms Gesicht, um sicherzugehen, dass er die Tragweite dieser Ereignisse erfasste.

„Und mitten in diesem Chaos", Max hob seine rechte Hand ein paar Zentimeter und ließ sie schwebend in der Luft verharren, als würde er ein unsichtbares Ereignis fassen wollen, „tauchte plötzlich ein Name auf, den niemand zuvor gehört hatte: Satoshi Nakamoto. Bis heute ist unklar, wer oder was genau sich hinter diesem Namen verbirgt – ein Mann, eine Frau, eine ganze Gruppe? All das ist möglich. Doch was Satoshi geschaffen hat, war weit mehr als eine technische Spielerei. Es war eine Reaktion auf die Krise – eine Vision davon, wie Geld in einer digital vernetzten Welt aussehen könnte."

Er lehnte sich zurück, das Grinsen auf seinen Lippen wich einem komplett euphorischen Gesichtsausdruck. „Und so wurde Bitcoin geboren. Nicht in einem Labor und auch nicht durch eine Regierung, sondern im Schatten einer Welt, die nach Veränderung verlangte."

Ein mulmiges Gefühl machte sich langsam in Toms Bauch breit, als würde Max gleich eine Verschwörungstheorie zum Besten geben. Tom machte mit sich selbst aus, dass er sich dieses eine Mal auf eine

Verschwörungstheorie einlassen würde, wenn das notwendig war, um Bitcoin tatsächlich verstehen zu können. Er erinnerte sich daran, wie die Nachrichten damals voll waren von leidenden Menschen. Menschen, die einen Großteil ihrer Ersparnisse verloren hatten, teilweise hatte sich ihr gesamtes Vermögen in Luft aufgelöst.

„Ja, ich erinnere mich", sagte er leise, spielte gedankenverloren mit dem Henkel seiner leeren Tasse und fuhr fort, „Bankenpleiten, Börsenabstürze, ganze Existenzen, die innerhalb von Tagen zerstört wurden. Ich glaube, es gab sogar einen starken Anstieg an Suiziden."

„Genau", sagte er schließlich, nun ernster. „Wir hatten Glück – wir waren noch jung, aber viele Menschen verloren damals alles. Die großen Finanzinstitute hatten Unsummen an den Märkten verzockt – Gelder, die ihnen eigentlich gar nicht gehörten – und die Weltwirtschaft in eine Spirale aus Panik und Unsicherheit gestürzt."

„Und dann", fuhr Max fort, seine Augen fokussierter auf Tom gerichtet, „puff. Kein großes Medienereignis, keine Schlagzeilen in den Zeitungen. Nur ein unscheinbares Dokument im Internet, das langsam seinen

Weg durch die Welt machte. Anfangs nur unter IT-Nerds, später in immer weiteren Kreisen: das Bitcoin-Whitepaper." Max lehnte sich erneut nach vorn, als wollte er Tom die Bedeutung dieses Moments spüren lassen. „Ein neunseitiges PDF, geschrieben von eben jenem Satoshi Nakamoto. Darin erklärte er – oder sie, oder vielleicht auch ein ganzes Team –, wie ein neues Finanzsystem aussehen könnte. Eines, das ohne zentrale Banken, ohne Vermittler und ohne Vertrauensinstanz auskommt. Eine Revolution, die leise und im Verborgenen ihren Anfang nahm." Seine Stimme wurde leiser, fast geheimnisvoll, als er die letzten Worte sprach.

Tom, der bisher sehr aufmerksam zugehört hatte, zog skeptisch eine Augenbraue hoch. Die ganze Geschichte klang für ihn tatsächlich wie der Anfang einer nächsten großen Verschwörungstheorie. „Ein Whitepaper?", murmelte er, das Wort mit einem skeptischen Grinsen auf den Lippen wiederholend, als wäre es ihm völlig fremd. „Also ... ein weißes Papier?"

Max konnte sich ein herzliches Lachen nicht verkneifen. Tom musste ebenfalls schmunzeln. „Ja, ich weiß – der Name *Whitepaper* klingt nicht gerade aufregend, eher nach Büroarbeit als nach Revolution. Aber dieses unscheinbare Dokument hat tatsächlich alles verändert. Auch wenn es nur neun Seiten sind, hat es die Grundlagen für etwas komplett Neues geschaffen."

Er lehnte sich zurück und faltete seine Hände auf seinem Schoß, als würde er seine Rolle als Erzähler genießen. „Satoshi Nakamoto bleibt bis heute ein Rätsel. Da niemand wirklich weiß, wer oder was Satoshi wirklich ist, gibt es sogar wilde Spekulationen und Verschwörungstheorien darüber – es könnte sogar eine Organisation wie die CIA dahinterstecken." Max hielt kurz inne, schüttelte dann jedoch lächelnd den Kopf. „Aber diese Theorie glaube nicht mal ich wirklich."

Er schaute Tom wieder ernster an. „Was Satoshi geschaffen hat, war nicht nur eine Idee, sondern eine Infragestellung der Macht, die Banken und Staaten über unser Geld haben. Eine Vision, die so radikal ist, dass sie bis heute das gesamte Finanzsystem herausfordert." Max beobachtete die anderen Gäste im Café. „Das war der erste Schritt in eine völlig neue Welt, Tom. Und alles begann mit diesem unscheinbaren Dokument."

„Aber warum sollte ich jemandem vertrauen, über den ich gar nichts weiß?" Die Worte kamen schärfer heraus, als Tom beabsichtigt hatte, und sein Blick bohrte sich in Max, eine Erklärung erwartend, die all das rechtfertigen konnte. „Da gehen doch bei jedem die Alarmglocken an, oder?"

Max nickte langsam und wählte seine nächsten Worte mit Bedacht. „Ein sehr berechtigter Einwand", erwiderte er schließlich. „Und die Antwort darauf wird dich überraschen: Niemand vertraut Satoshi Nakamoto."

Tom verharrte, als wären seine Gedanken an eine unsichtbare Mauer geprallt. Er verschränkte die Arme. Irgendetwas musste er übersehen haben.

Max bemerkte Toms Anspannung und blieb gelassen. „Niemand vertraut Satoshi Nakamoto", sagte er langsam, „weil niemand *Satoshi Nakamoto* vertrauen muss." Er nahm sein Getränk und leerte es mit einem Schluck. „Das ist der Punkt, Tom. Dieses Whitepaper – diese neun Seiten – sind so präzise und durchdacht aufgebaut, dass das darin beschriebene System auch ohne seinen Erfinder bestehen kann. Selbst wenn Satoshi Nakamoto für immer verschwunden bleibt, ändert das nichts am

System. Es geht nicht darum, der Person zu vertrauen, die Bitcoin erschaffen hat. Das System ist so gestaltet, dass Vertrauen nicht nötig ist." Max lehnte sich zurück, und für einen Moment schien die Spannung zwischen ihnen spürbar zu beben, bevor sie sich langsam löste. „Das ist die wahre Stärke von Bitcoin, verstehst du?" Die Geräusche im Café – das Klirren von Geschirr, das Zischen der Espressomaschine – wirkten plötzlich fern und unwichtig, während sich die Unterhaltung zwischen ihnen verdichtete.

„Erinnerst du dich noch an den Satz des Pythagoras aus der Schule?", fragte Max nach einer gefühlten Ewigkeit.

Tom blinzelte und es vergingen ein paar Sekunden, ehe er verstand, worauf Max hinauswollte. Ein Anflug von Verständnis glitt über sein Gesicht. Der vertraute Name weckte eine Erinnerung an längst vergangene Schulstunden, und ein leichtes Lächeln spielte auf seinen Lippen.

„Der Satz des Pythagoras funktioniert, ob du nun weißt, wer Pythagoras war oder nicht – selbst wenn er der größte Verbrecher seiner Zeit gewesen wäre, seine Formel bliebe wahr. Sie ist universell, weil die Logik unanfechtbar ist, unabhängig von der Person dahinter. Genauso verhält es sich mit Bitcoin und der Blockchain."

Tom schwieg. Die unüberwindbare Mauer der Skepsis, die sich bis eben noch in seinen Gedanken aufgebaut hatte, begann zu bröckeln – noch nicht vollständig, aber erste Risse waren fühlbar. Langsam dämmerte es ihm: Dieses Whitepaper, von dem Max sprach, musste mehr sein als bloß eine Theorie oder ein flüchtiger Gedanke. Es musste so durchdacht und lückenlos logisch formuliert sein, dass es selbst den kritischsten Prüfungen standhalten konnte. Jede Unsicherheit, jeder logische Bruch hätte es sonst als bloße Idee entlarvt, die längst wieder in Vergessenheit geraten wäre. Doch hier waren sie – und die weltweite Aufmerksamkeit für Bitcoin zeigte, dass dieses Dokument mehr war als eine Ansammlung von Worten auf Papier.

Tom lehnte sich etwas zurück und spürte, wie die Spannung aus seinen Schultern wich. Das nervöse Zittern seiner Hände, die zuvor unbewusst die leere Kaffeetasse hin- und hergeschoben und mit dem Henkel gespielt hatten, ließ nach; nun hielt er sie ruhig in seinen Händen. Ein Hauch von Verständnis drang in sein

Bewusstsein. Noch blieben Fragen offen, doch er war bereit, weiter zuzuhören.

„Die Menschen hatten das Vertrauen in die etablierten Finanzsysteme verloren", setzte Max nach einer kurzen Pause fort. „Die breite Masse fühlte sich bestraft für die Fehler der Reichen. Satoshi wollte eine Alternative schaffen, ein System, das unabhängig von Banken und Regierungen funktioniert, unabhängig von Gier und Korruption. Eine neue Art von Geld, bei der keine Rettungspakete nötig sind, weil niemand bankrottgehen kann."

Tom nickte langsam, während die Worte in sein Bewusstsein drangen wie Tropfen, die einen Stein unaufhaltsam aushöhlen. Er spürte, dass er dem Kern der Sache näherkam, als hätte er eine unsichtbare Linie überschritten. „Ein System, bei dem man der Bank nicht mehr vertrauen muss, weil es keine Bank gibt", fasste er schließlich zusammen, seine Stimme leise und nachdenklich. Es war keine Frage, sondern eine Erkenntnis. Er hatte erkannt: Hier ging es nicht um blindes Vertrauen oder Abhängigkeit. Es war ein System, das sich selbst trug, das niemanden brauchte, der darüber wachte – weder Bankiers noch Regierungsbeamte. Ein System, das sich nicht korrumpieren ließ. „Aber kann das wirklich so zuverlässig sein? Mir fällt es schwer, zu glauben, dass es gegen jeden Betrug immun ist."

Max lächelte leicht. „Ah! Jetzt kommen langsam die richtig interessanten Fragen! Bitcoin ist ein System, das nicht auf das Vertrauen in zentrale Institutionen angewiesen ist. Stattdessen verlässt man sich auf Mathematik und Logik. Sag mir, Tom, ist Mathematik korrumpierbar? Oder Logik hackbar?"

„Na, wenn du das so ausdrückst ... Mir wäre das neu, aber wie funktioniert dieses System eigentlich? Ich nehme nicht an, dass Satoshi einfach ein paar Zeilen Code geschrieben hat, und zack – Bitcoin war geboren?"

Max lachte, während er den Kopf schüttelte. „Na ja, es war dann doch ein bisschen mehr als das. Nachdem Satoshi im Jahr 2008 das Whitepaper veröffentlicht hatte, startete er im Januar 2009 die Blockchain. Am Anfang passierte nicht viel. Die meisten Leute hatten keine Ahnung, was Bitcoin überhaupt sein sollte – und ehrlich gesagt, die meisten fanden es vermutlich einfach nur seltsam. Ein paar Programmierer und Technik-Freaks waren sofort Feuer und

Flamme, aber der Rest? Den hat das erst mal herzlich wenig interessiert."

Tom konnte sich die Szene mühelos ausmalen: eine kleine Gruppe von Computer-Nerds, eingehüllt in das Licht flimmernder Monitore, in überladenen Räumen voller Bildschirme und Kabelgewirr. Ihre Gesichter spiegelten die völlige Hingabe an die Welt des Codes wider, während sie sich in Details verloren, die für Außenstehende undurchdringlich schienen. Und draußen? Die Welt lief weiter wie gewohnt, ahnungslos, dass hier etwas Gestalt annahm, das die Wirtschaft und das Finanzsystem eines Tages fundamental verändern könnte.

Max fuhr fort: „Satoshi arbeitete unermüdlich im Hintergrund. Anonym, diskret – er kommunizierte ausschließlich über E-Mails und Foren, gab Hinweise, diskutierte Verbesserungen und brachte die Idee Schritt für Schritt voran. Niemand wusste, wer er war. Kein Gesicht, keine Stimme, nur dieses Pseudonym, das wie ein Schatten über allem schwebte."

Tom hörte aufmerksam zu, seine anfängliche Skepsis hatte sich mit einer stillen Faszination vermischt. Er versuchte, sich dieses Bild vorzustellen: Ein Schöpfer ohne Identität, dessen einzige Spuren Worte in digitalen Netzwerken waren.

„Und dann, eines Tages im Jahr 2010 – als die Community begann zu wachsen und Bitcoin erstmals größere Aufmerksamkeit erhielt – verschwand Satoshi einfach. Kein Abschied, keine Erklärung. Einfach weg."

Tom nahm einen tiefen Atemzug und blickte nachdenklich aus dem Fenster. Die warme Luft im Café fühlte sich angenehm beruhigend an. Draußen wandelte sich der Morgen langsam in den Mittag, und durch die großen Scheiben sah er eine Gruppe Schulkinder, die offenbar auf dem Heimweg waren. Ihre Stimmen und Gelächter bildeten einen unaufdringlichen Kontrast zur Ernsthaftigkeit des Gesprächs. Er ließ Max' Worte sacken. Dass jemand, der etwas so Weltveränderndes geschaffen hatte, einfach verschwand, ohne Ruhm, ohne Anerkennung zu suchen, schien ihm unfassbar.

„Verschwunden? Aber warum?", fragte Tom nach, seine Stirn in tiefe Falten gelegt.

Max lehnte sich zurück, sein Gesicht eine Mischung aus Ernst und ehrlichem Erstaunen. „Ja. Spurlos. Keine Nachrichten, keine Hinweise – als hätte er seine Aufgabe erfüllt und wäre in die Dunkelheit zurückgekehrt, aus der er gekommen war. Das ist wohl eines der größten Mysterien der Bitcoin-Welt. Satoshi überließ die Kontrolle den Entwicklern, die er bis dahin aufgebaut hatte, und seitdem hat niemand mehr von ihm gehört oder gelesen. Manche glauben, dass es Absicht war, um Bitcoin seine Unabhängigkeit zu geben – frei von der Kontrolle einer einzigen Person. Andere vermuten, dass er verstorben ist. Wir wissen es nicht und ich hoffe, wir werden es nie erfahren. Das verleiht der Entstehungsgeschichte von Bitcoin etwas Mysteriöses."

Tom lehnte sich langsam in seinem Sessel zurück, den Blick auf das stilisierte Bitcoin-Logo in der Mitte des Tisches gerichtet. „Das klingt wie der Plot eines Films", murmelte er schließlich, neurlich mit einem Hauch von Skepsis, aber auch einem kleinen Lächeln, das seine Lippen umspielte.

Max hatte den Blick zur Theke gerichtet und seine linke Hand gehoben, um dem Barista anzuzeigen, dass sie gerne ein weiteres Getränk bestellen wollten. Baslo nickte Max zu. Mit der Effizienz eines routinierten Profis griff er nach zwei leeren Tassen, die am Rand der Theke standen, und begann, sie mit flinken Bewegungen für seinen nächsten Auftrag vorzubereiten. Seine Hände arbeiteten so schnell wie der Klang des Jazzstücks, das leise im Hintergrund spielte, und doch lag in seinem Tun eine beinahe meditative Ruhe.

Max widmete seine Aufmerksamkeit wieder Tom und grinste über beide Ohren, als er ihm beistimmte. „Und was für ein Film das wäre! Vielleicht mit ein paar Explosionen mehr, damit Hollywood zufrieden ist." Sein Gesicht wurde wieder ernst, ohne die Leichtigkeit ganz zu verlieren. „Aber das war nur der Anfang. Nachdem Satoshi verschwand, begann Bitcoin langsam, an Popularität zu gewinnen."

In diesem Moment trat Baslo an ihren Tisch, ein kleines Notizbuch in der Hand. „Und, meine Herren? Bei welchem Thema steckt ihr denn?", fragte er und Tom ertappte sich dabei, sich an der Neugier des Baristas zu stören.

„Wir diskutierten gerade darüber, dass man die Geschichte von Bitcoin verfilmen müsste", fasste Max zusammen.

„Den Film würde ich mir auch ansehen", meinte Baslo und grinste über beide Ohren. „Und was darf ich euch bringen?" Max bestellte einen Monero Macchiato und Tom ließ sich dieses Mal etwas auf den Hype ein und entschied sich, weil es gerade in das Gespräch passte, für einen Satoshi Special Latte. Baslo nickte und notierte, oder tat zumindest so, während er leise „Gute Wahl!" murmelte und sich mit geschmeidigen Schritten zurück zur Theke bewegte. Die Espressomaschine begann wenig später wieder ihren vertrauten Rhythmus, ein leises Zischen und Brummen, das sich nahtlos in die Atmosphäre des Gesprächs fügte.

Spannend war die Geschichte ja, dachte Tom. Ein gewisser Restzweifel war noch da und er ermahnte sich, eine gute Geschichte nicht blind für bare Münze zu nehmen. Er würde Bitcoin sachlich auf den Zahn fühlen, aber vorerst genoss er die Geschichte und war gewillt, tiefer einzutauchen. „Aber wie konnte Bitcoin überhaupt etwas wert sein?", fragte er. „Ich meine, ohne eine Regierung oder Bank dahinter – warum sollte dem irgendjemand Beachtung schenken, geschweige denn dafür bezahlen?"

„Das ist eine kluge Frage, Tom." Er hielt kurz inne, ließ die Spannung wachsen. „Am Anfang war Bitcoin tatsächlich fast wertlos – zumindest, wenn man ihn mit traditionellen Währungen bemisst. Es war ein Konzept, eine Idee, die nur von wenigen verstanden wurde." Er hielt kurz inne, um sicherzugehen, dass Tom ihm folgte. „Doch es gab einen Moment, der alles änderte. Der Bitcoin real machte."

Ein leises Klirren kündigte Baslo an, der mit geübten Bewegungen ein kleines Tablett balancierte. Er hielt kurz inne, bevor er die beiden Getränke mit einer fast zeremoniellen Sorgfalt auf den Tisch stellte. „Hier haben wir einmal den Monero Macchiato", sagte er mit einem leicht verschmitzten Lächeln, während er die dampfende Tasse vor Max platzierte. „Und für den ehemaligen schwarzen Kaffee gibt's nun einen Satoshi Special Latte", fügte er schelmisch grinsend hinzu, als er Toms Getränk vorsichtig vor ihm abstellte.

Die Tassen waren kleine Kunstwerke für sich: Max' Macchiato trug eine glänzende Karamellkrone, die mit einem zarten Streifen Schokoladensirup verziert war, und Toms Latte hatte ein kunstvolles Bitcoin-Logo in den Milchschaum gezeichnet – ein kleines Meisterwerk, das Baslo stolz präsentierte.

„Ich hoffe, die passen zu eurer Diskussion über große Visionäre und digitale Revolutionen", sagte Baslo und klopfte leicht auf das Tablett, bevor er sich mit einem dezenten Nicken zurückzog.

Tom hätte fast erwartet, dass Baslo sich ungefragt zu ihnen an den Tisch setzte und an der Diskussion teilnahm. Erleichtert fokussierte er sich wieder auf Max und die Geschichte, an der er mittlerweile richtig Gefallen gefunden hatte. „Was für einen Moment Max?", fragte er gespannt.

Dieser grinste über beide Ohren. „Eine Pizza."

„Eine Pizza?"

„Ja", bestätigte Max, und sein Grinsen wurde noch etwas breiter. „Im Mai 2010 kaufte ein Programmierer namens Laszlo Hanyecz die ersten realen Güter mit Bitcoin: zwei Pizzen. Dafür zahlte er 10.000 Bitcoin."

Tom, der gerade zum Trinken angesetzt hatte, verschluckte sich an seinem Kaffee. Nachdem er mehrmals gehustet hatte, wollte er mit rauer Stimme und zwischen zwei Hustenanfällen wissen: „Zehntausend Bitcoin? Für Pizzen?" Seine Stimme überschlug sich und er hustete erneut. „Weißt du, wie viel das heute wert ist?"

Max lachte laut auf, ein ansteckendes Lachen, das sogar einige der Gäste im Café innehalten ließ. „Heute?", fragte er und griff nach seinem Smartphone. „Mal sehen." Seine Finger flogen über das Display, und er tippte ein paar Zahlen ein. „Ein Bitcoin liegt aktuell zwischen 80'000 und 100.000 Dollar. Das heißt, diese 10.000 Bitcoin wären heute..." Er hielt inne, baute die Spannung auf und reichte Tom schließlich das Handy. „fast 1 Milliarde Dollar wert."

Tom starrte auf die Zahl, die ihn wie ein Schlag traf. „1 Milliarde Dollar... für zwei Pizzen?" Er lehnte sich zurück, als bräuchte er die Distanz, um die schiere Absurdität zu verarbeiten. „Das... das ist irre." Ein Lachen entrang sich seiner Kehle, halb ungläubig, halb fasziniert.

„Die teuersten Pizzen der Welt!" Max hob seine Tasse in einer symbolischen Geste. „Ein Toast auf die teuersten Pizzen der Weltgeschichte!!"

Tom grinste und hob ebenfalls seine Tasse. Nach einem Schluck stellte er sie mit einem Klirren zurück auf den Tisch und holte zum ersten Mal wieder tief Luft, ohne gleich wieder husten zu müssen. „Also, zusammengefasst: Ein anonymer Typ erschafft eine digitale Währung, verschwindet, und dann wird sie zum ersten Mal für

Pizzen verwendet. Interessante Wendungen."

Max nickte. „Genau. Ab diesem Moment wurde Bitcoin immer bekannter. Die Technologie zog mehr Menschen an und die Community wuchs. Was als kleiner Funken begann, wurde zu einer regelrechten Bewegung."

Tom lehnte sich zurück, seine Arme vor der Brust verschränkt, während er das Gehörte verdauen ließ. Beide schwebten eine Weile in eigenen Gedanken versunken und malten sich aus, wie die Geschichte in einigen Jahren wohl weitererzählt würde.

„Eine schöne und spannende Geschichte, Max. Aber lass uns doch als Nächstes über die harten Fakten sprechen, ich habe da ein paar Fragen."

Max lächelte zufrieden, seine Hände ruhten locker um seine Tasse. „Das finde ich eine fantastische Idee, Tom. Lass uns auf die Fakten eingehen."

Max bringts auf den Punkt - *„Bitcoin wurde von Satoshi Nakamoto als dezentrale Alternative zum traditionellen Finanzsystem erschaffen, bei der Vertrauen nicht in einzelne Parteien, sondern in die Technologie selbst gesetzt wird."*

- ◆ Die Geschichte Bitcoins

- ◆ Wer ist Satoshi Nakamoto?

- ◆ Die teuersten Pizzen der Weltgeschichte

Geschichte

4

„Also, Max", begann er, die Stimme leicht gehoben. „Ich bin bereit. Zeit, dass du und Bitcoin mir etwas genauer Rede und Antwort steht. Wir haben jetzt über die Entstehung gesprochen, aber wie funktioniert das Ganze genau? Es klingt so ... abstrakt. Und irgendwie kompliziert." Er runzelte die Stirn und hob die Augenbrauen, als erwarte er von Max, nicht weniger als die Entschlüsselung des Universums in einem einzigen Atemzug.

Max grinste breit, denn er hatte diese Frage erwartet. Seine Augen funkelten im Angesicht dieser Herausforderung. „Das ist die entscheidende Frage, nicht wahr?", begann er schließlich, und seine Stimme hatte erneut diesen Hauch von Verschwörerischem. „Wie ich dir schon gesagt habe, basiert Bitcoin auf einer Technologie namens Blockchain. Aber warte, bevor du genervt die Augen verdrehst – ich verspreche dir, ich erkläre es dir so einfach, dass es sogar Spaß macht."

Tom hatte tatsächlich die vertraute Miene aufgezogen, die Max von jeder Erwähnung technischer Begriffe kannte –

eine Mischung aus Skepsis und resigniertem Unverständnis. „Ja, das wäre gut. Dann leg mal los mit diesem Blockchain-Dings."

Max konnte ein Schmunzeln nicht unterdrücken. „Okay, pass auf", begann er, seine Stimme hatte nun gar nichts Verschwörerisches mehr an sich. Stattdessen war sie einer kindlichen Begeisterung gewichen.

„Die Blockchain ist im Grunde eine Kette von Blöcken. In jedem Block werden Transaktionen gespeichert. Wenn ein Block abgeschlossen ist, wird er mit einem digitalen Fingerabdruck, dem sogenannten Hash, versiegelt. Und dieser Fingerabdruck enthält Informationen des vorherigen Blocks. Dadurch hängt die ganze Kette zusammen, und niemand kann im Nachhinein etwas verändern, ohne gleich die gesamte Kette zu manipulieren."

„Bitte was?", flüsterte Tom schließlich. „Kannst du das vielleicht auch so erklären, dass ich kein Informatikstudium dafür benötige?"

„Na gut, stell dir vor, du baust eine lange Kette aus Lego-Steinen ..."

Tom lächelte, weil er mit nur einem Wort in seine Kindheit zurückversetzt wurde. „Lego-Steine?"

„Genau! Jeder dieser Steine ist ein Block. In jedem Block sind Informationen gespeichert – zum Beispiel, wer wem wie viel Bitcoin geschickt hat. Zudem hat jeder dieser Lego-Steine einen speziellen Farbfleck. Dieser Farbfleck bildet die Basis für den nächsten Lego-Block-Stein, das heißt die Farbe des nächsten Lego-Block-Steins hängt von diesem Farbfleck ab. Wenn dieser Farbfleck zum Beispiel blau ist, dann wird der nächste Block blau, wenn der Farbfleck hingegen rosa ist, wird der nächste Block rosa. Das Wichtige ist: Sobald ein Stein in die Kette eingebaut ist, kannst du ihn nicht mehr einfach entfernen oder ändern, weil er dieselbe Farbe hat, wie der Farbfleck des vorgängigen Blockes. Dieser Farbfleck wird Hash genannt. Die Farbe steht sinnbildlich für einen eindeutigen digitalen Abdruck – quasi einen digitalen Fingerabdruck. Die Blöcke haben in Realität keine Farbe."

Max zwinkerte Tom zu, der die flachen Hände auf den Tisch legte und seinen Blick gedankenverloren über die Maserung des Holzes wandern ließ, als suche er dort eine verborgene Erkenntnis. Schließlich sah er Max wieder an, die Skepsis noch nicht ganz aus seinem Gesicht gewichen. „Also dieser Farbfleck, oder Hash, gibt jeweils vor, welche Farbe der nächste Lego-Stein hat?"

„Sinnbildlich gesprochen, genau." Max lächelte, zufrieden mit Toms Verständnis. „Aber es geht noch weiter: Diese Lego-Kette existiert nicht nur auf einem einzigen Computer. Sie wird gleichzeitig auf Tausenden von Rechnern weltweit gespeichert. Wenn also jemand versuchen würde, einen dieser Steine zu ändern und zum Beispiel einen blauen Lego-Stein durch einen anderen, rosafarbenen zu ersetzen, müsste dieselbe Veränderung auf allen Rechnern gleichzeitig vorgenommen werden. Und das ist so gut wie unmöglich."

Tom schnaubte leise und lehnte sich in seinem Stuhl zurück. „Okay, ich glaube, langsam verstehe ich das." Einen Moment lang dachte er nach, dann hob er den Zeigefinger, als ihm eine neue Frage in den Sinn kam. „Aber was passiert, wenn die Kette immer länger wird? Wird das nicht irgendwann... riesig?"

Max nickte, nahm einen Schluck seines Monero Macchiato und antwortete: „Ja, die Kette wird tatsächlich immer länger – das ist ein natürlicher Teil des Systems. Das ist aber kein Fehler, sondern geplant. Zwar wächst die Blockchain mit jeder neuen Transaktion, aber die Rechner im Netzwerk sind darauf ausgelegt, damit umzugehen. Gleichzeitig wird das System sicherer, je mehr Menschen und Rechner am Netzwerk teilnehmen. Das alles macht es unmöglich, die Blockchain komplett zu manipulieren, weil eine Manipulation immer alle Kopien weltweit betreffen müsste. Du kannst dir die Blockchain auch wie eine unzerbrechliche Kette vorstellen, die von Millionen Menschen gleichzeitig gehalten wird. Das Besondere am Hash – also diesem Farbfleck in den Lego-Steinen – ist, dass er immer auf dem Farbfleck des vorherigen Blocks basiert. Wenn jemand versuchen würde, einen Block in der Mitte zu ändern, würde das diesen Hash und damit den folgenden Block sowie alle auf diesen Block folgenden Blöcke verändern. Um die Manipulation erfolgreich durchzuführen, müsste die gesamte Kette ab dem geänderten Block umgeschrieben werden – und das auf allen Rechnern, die die Blockchain speichern. Genau das macht die Blockchain so sicher."

Tom runzelte die Stirn, seine Gedanken schienen um die Erklärung zu kreisen. „Also hat jeder Lego-Stein seinen eigenen Farbfleck, und der nachfolgende Stein muss auf genau diesem Farbfleck aufbauen. Und das wird auf unzähligen Rechnern weltweit abgespeichert. Aber..." Er zögerte kurz, bevor er nachhakte: „Wie kann ich mir sicher sein, dass diese Blockchain echt ist? Heutzutage kann man doch alles Mögliche fälschen. Was, wenn jemand einfach eine gefälschte Version erstellt?"

„Gute Frage", begann Max. „Normalerweise lassen sich digitale Dinge tatsächlich leicht kopieren oder abändern. Aber genau hier liegt die Stärke der Blockchain. Sie ist speziell dafür entwickelt, dieses Problem zu lösen."

Max hielt einen Moment inne, um Toms Aufmerksamkeit voll auf sich zu ziehen, ehe er fortfuhr. „Jede Transaktion in der Blockchain wird nicht nur auf einem Computer gespeichert, sondern auf Tausenden weltweit verteilten Rechnern. Jedes Mal, wenn eine Transaktion durchgeführt wird, überprüfen all diese Computer, ob sie korrekt ist. Und sie müssen zustimmen, bevor die Transaktion endgültig in die Blockchain aufgenommen wird. Das heißt, selbst wenn jemand versuchen würde, etwas zu fälschen, müsste das auf allen Rechnern gleichzeitig passieren. Und das ist nicht möglich."

Toms Augen weiteten sich, als er die Dimension dieser Sicherheit zu begreifen begann. „Also... es gibt immer Zeugen, die sicherstellen, dass alles mit rechten Dingen zugeht? Und das macht jeder im Netzwerk? Das klingt irgendwie extrem ineffizient und nach einem riesigen Aufwand. Wie kann sich das denn überhaupt lohnen?"

„Das sind alles sehr gute Fragen Tom! Jeder Computer im Netzwerk ist wie ein Zeuge und ja, es klingt erst mal nach viel Aufwand", gestand er. „Aber lass mich dir erklären, warum das alles trotzdem funktioniert – und warum der Aufwand mehr als gerechtfertigt ist."

Max lehnte sich zurück, seine Stimme nahm einen ruhigeren, erklärenden Ton an. „Stell dir vor, es gibt ein riesiges Netzwerk von Computern, die wir Nodes oder Knotenpunkte nennen. Jeder dieser Knoten ist mit dem Internet verbunden und hat eine vollständige Kopie der Blockchain. Wenn eine neue Transaktion stattfindet, wird sie an alle Knoten im Netzwerk geschickt. Diese überprüfen dann, ob die

Transaktion Sinn ergibt – also ob der Absender tatsächlich genug Bitcoin besitzt, um sie zu senden. Erst wenn die Mehrheit dies bestätigt, wird die Transaktion in einem Block festgehalten und dieser Block zur Kette hinzugefügt."

Er hielt kurz inne, seine Augen suchten Toms, um sicherzugehen, dass er noch folgen konnte. „Das mag auf den ersten Blick ineffizient erscheinen", fuhr er fort, „aber genau dieser Mechanismus ist der Preis für Sicherheit. In einem zentralen System vertraust du einer einzigen Institution, dass alles korrekt abläuft. Bei der Blockchain wird dieses Vertrauen stattdessen auf Tausende von unabhängigen Computern verteilt. Dadurch gibt es keine einzelne Schwachstelle, die ein Angreifer ausnutzen könnte." Max hob die Hände, um seine Argumentation zu untermauern. „Und was du als Aufwand siehst, ist in Wahrheit ein Schutzmechanismus. Selbst wenn jemand versuchen würde, das System zu fälschen, müsste er gleichzeitig die Blockchain auf Tausenden von Computern ändern. Diese Dezentralisierung ist der Schlüssel zur Sicherheit."

Tom nickte langsam, aber ein Hauch von Skepsis blieb in seinen Augen. „Wenn so viele Rechner eine Transaktion prüfen, drosselt das nicht auch die Geschwindigkeit und es dauert länger, bis die Transaktion durch ist?", murmelte er, als er über die Erklärung nachdachte.

„Das stimmt, Blockchain-Transaktionen sind im Vergleich zu einer Kreditkartenzahlung langsamer. Aber Technologien wie das Lightning Network verbessern das bereits erheblich. Und das Entscheidende ist: Bei vielen Anwendungen – etwa großen internationalen Überweisungen oder dort, wo absolute Sicherheit erforderlich ist – überwiegt der Wert der Sicherheit den der Geschwindigkeit. Es geht nicht immer nur darum, wer am schnellsten ist, sondern wer am sichersten ist." Er beobachtete, wie Toms Blick nachdenklicher wurde. „Unterm Strich geht es um die Balance zwischen Sicherheit und Effizienz. Die Blockchain mag komplex und aufwändig sein, aber dieser Aufwand sorgt dafür, dass niemand das System manipulieren kann."

Tom zog die Stirn in Falten. „Aber wenn ich einen Bitcoin auf meinem Computer habe, bin ich nicht automatisch ein Knotenpunkt und muss alles mitprüfen?", fragte er, etwas unsicher.

Max schüttelte den Kopf und lächelte. „Nicht ganz, Tom. Nur weil du Bitcoin besitzt, macht dich das noch nicht zu einem Knoten im Netzwerk. Ein Knoten ist ein Computer, der die vollständige Bitcoin-Blockchain speichert und aktiv Transaktionen überprüft. Um ein Knoten zu sein, musst du spezielle Software wie den Bitcoin Core auf deinem PC laufen lassen. Diese Software verbindet sich ständig mit dem Netzwerk und hält die Blockchain auf dem neuesten Stand. Ein Knotenpunkt zu sein, ist eine aktive Rolle, die Speicherplatz, Rechenleistung und eine gute Internetverbindung erfordert."

Dann fügte er hinzu: „Wenn du einfach nur Bitcoin besitzt, musst du das alles nicht tun. Du verwendest in der Regel eine digitale Geldbörse, um deine Bitcoin zu verwalten, zu senden oder zu empfangen. Diese Wallet kommuniziert mit den Knoten im Netzwerk, die die eigentliche Arbeit erledigen. Es ist, als würdest du Bargeld benutzen: Nur weil du ein paar Scheine in der Tasche hast, kümmerst du dich noch lange nicht um die Stabilität dieser Währung."

Ein Lächeln huschte über Toms Gesicht, als das Bild klarer wurde. „Also, diese digitale Geldbörse ist nur das Werkzeug, das ich benutze, aber nicht direkt Teil des Netzwerks?"

„Genau!", sagte Max und lehnte sich zufrieden zurück. „Die digitale Geldbörse ist eine Art Portemonnaie, dein persönlicher Zugangspunkt zum Bitcoin-Netzwerk. Sie sorgt dafür, dass deine Transaktionen korrekt an das Netzwerk übermittelt werden, ohne dass du dich um die technischen Details kümmern musst."

Tom nickte, aber seine Skepsis blieb unverkennbar. „Okay, aber warum machen das überhaupt alle mit? Ich meine, das klingt nach einem riesigen Energieaufwand. Diese Computer müssen doch ununterbrochen laufen, oder? Und Strom ist heutzutage nicht gerade billig."

„Richtig, die Knoten verbrauchen tatsächlich eine Menge Energie. Damit das Ganze für die Betreiber der Knotenpunkte attraktiv wird, gibt es einen Anreiz: Sie haben durch das Mining die Chance, neue Bitcoin als Belohnung zu bekommen." Er hielt kurz inne, um sicherzustellen, dass Tom noch folgen konnte, und fuhr dann fort: „Auch hier kann man Bitcoin mit Gold vergleichen, denn es ist ein bisschen wie beim Goldschürfen. Goldgräber versuchen als Erste ein neues Stück Gold zu finden und im Fall von Bitcoin versuchen die Miner, den nächsten Block der Blockchain zu vervollständigen. Der Miner, dem das zuerst gelingt, erhält die Belohnung in Form von neuen Bitcoin. Das nennt man Blockbelohnung. Bei Bitcoin ist das allerdings kein reines Glücksspiel – dafür braucht es immense Rechenleistung."

Tom runzelte die Stirn und dachte kurz nach. „Also lassen die Leute ihre Computer rund um die Uhr laufen, um Bitcoin zu verdienen, und damit sorgen sie dafür, dass die Blockchain sicher bleibt?"

Max nickte, sichtbar zufrieden. „Exakt! Genau so funktioniert das. Indem die Miner für ihre Arbeit belohnt werden, lohnt sich der Aufwand für sie, auch wenn der Energieverbrauch hoch ist. Und gleichzeitig erhöht die Zahl der aktiven Miner die Sicherheit des Netzwerks. Je mehr Rechner beteiligt sind, desto schwieriger wird es, das System anzugreifen. Der Energieaufwand dient der Sicherheit und Stabilität des gesamten Systems."

Tom ließ sich in seinem Sessel zurücksinken, seine Stirn blieb aber noch leicht gerunzelt. „Wenn ich es richtig verstanden habe, ist es viel Arbeit, aber die Leute machen mit, weil sie dafür belohnt werden.

Und gleichzeitig ist die Sicherheit des Netzwerks gewährleistet", wiederholte er, mehr für sich selbst als für Max. „Aber das funktioniert doch nur, solange Bitcoin immer mehr wert wird, oder? Also so etwas wie ein Schneeballsystem?", fragte er.

Max schüttelte energisch den Kopf. „Nein, keineswegs. Ein Schneeballsystem ist Bitcoin auf keinen Fall. Lass mich dir erklären, warum." Er richtete sich auf und fuhr fort: „Bei einem Schneeballsystem profitieren nur die Menschen, die ganz am Anfang einsteigen. Um die Gewinne der frühen Teilnehmer auszuzahlen, müssen ständig neue Teilnehmer mit Kapital hinzukommen. Am Ende bricht es zusammen, weil es kein echtes Produkt gibt, das Wert schafft. Bei Bitcoin ist das anders", fuhr Max fort. „Bitcoin hat einen echten Nutzen. Es ist eine digitale Währung, die darauf abzielt, dezentral und ohne Mittelsmänner wie Banken zu funktionieren. Stattdessen wird Bitcoin von einem Netzwerk von Knoten verwaltet, die alle Transaktionen verifizieren. Alles ist also transparent und öffentlich."

„Aber das funktioniert doch nur, weil immer mehr Leute bei Bitcoin einsteigen wollen, oder?", warf Tom ein.

„Ich verstehe, was du meinst, denn je höher der Preis von Bitcoin steigt, desto mehr Menschen wollen auch mit dabei sein, was den Preis weiter in die Höhe steigen lässt", fasste Max zusammen. „Es gibt aber eine feste Menge an Bitcoin von 21 Millionen Stück. Das bedeutet, es gibt keinen unendlichen Nachschub, wie es bei einem Schneeballsystem der Fall wäre. Und Bitcoin ist auch nicht darauf angewiesen, dass ständig neue Leute einsteigen, um das System am Laufen zu halten. Selbst wenn niemand mehr Bitcoin kaufen würde, würde es weiterhin existieren. Der Wert entsteht durch Angebot und Nachfrage. Ein Schneeballsystem kollabiert, wenn es keine neuen Investoren mehr gibt. Bitcoin würde nur dann kollabieren, wenn es nicht mehr benutzt würde. Was eigentlich auch auf alles andere mit Wert angewendet werden kann. Alles verliert an Wert, wenn es niemand haben will. Zusammengefasst ist das Entscheidende: Bitcoin ist ein offenes, dezentrales System. Niemand kann es kontrollieren oder manipulieren. Jeder kann es nutzen, aber niemand muss. Der Wert von Bitcoin hängt nicht davon ab, ob immer mehr Leute einsteigen, sondern von der Sicherheit und Verlässlichkeit der

Blockchain, die ein begrenztes und vertrauenswürdiges System darstellt. Das ist etwas ganz anderes als ein Schneeballsystem, bei dem alles irgendwann zusammenbricht"

Tom brannte eine weitere Frage auf der Zunge. „Warum sollten die Miner ihren Strom und die Rechenleistung weiter zu Verfügung stellen, wenn irgendwann keine neuen Bitcoin geschaffen werden, weil die 21 Millionen geschürft wurden?"

Max lächelte. „Nebst den Blockbelohnungen fällt bei jeder getätigten Transaktion eine kleine Transaktionsgebühr an, die als Vergütung ebenfalls an die Miner geht. Je mehr Menschen Bitcoin nutzen und als Wertspeicher oder Zahlungsmittel akzeptieren, desto wertvoller wird es. Die Transaktionsgebühren, die Miner in Zukunft verdienen, könnten dann auch hoch genug sein, um sie weiterhin zu motivieren. Das ist zumindest die Theorie. Wir werden es 2140 erfahren", fügte er mit einem Schmunzeln hinzu.

„Wie meinst du das, wir werden es erst 2140 erfahren?", fragte Tom neugierig.

„Die Blockbelohnung für das Mining wird, wie du richtig erkannt hast, stetig sinken. Die Blockchain ist so gestaltet, dass die Belohnungen alle 210.000 Blöcke halbiert werden, was in etwa alle vier Jahre passiert. Dieser Prozess wird Halving genannt. Am 20. April 2024 fand das letzte Halving statt. Seitdem erhalten die Miner als Blockbelohnung nur noch 3,125 Bitcoin. In den vorhergehenden vier Jahren waren es 6,25 Bitcoin pro Block, also genau doppelt so viel. Das letzte Halving wird voraussichtlich im Jahr 2140 stattfinden, dann sind alle 21 Millionen Bitcoin geschürft. Ab diesem Zeitpunkt werden Miner ausschließlich durch Transaktionsgebühren belohnt. Diese Gebühren sollten dann so hoch sein, dass die Miner weiterhin einen Anreiz haben, das Netzwerk zu sichern, obwohl sie keine Blockbelohnungen mehr erhalten."

„Lohnt es sich für mich, meinen Laptop auch fürs Mining zur Verfügung zu stellen?", wollte Tom wissen.

„Nicht wirklich, denn es gibt mittlerweile ganze Computerfarmen, die nur fürs Mining angelegt sind. Und gegen diese Rechenleistung kommt ein normaler Computer nicht an."

Tom nickte und ließ sich entspannt zurücksinken. Er blickte sich im Café umher. Es hatte sich in der letzten halben Stunde schleichend gefüllt, sodass es nun keinen freien Platz mehr gab. Tom musste schmunzeln, als er daran dachte, dass es sich mit Bitcoin auch so verhalten hatte. Zuerst waren es nur ganz wenige Menschen, die damit etwas anfangen konnten, und plötzlich war es überall bekannt und jeder hatte davon gehört.

Max bringts auf den Punkt - *„Bitcoin funktioniert durch die Blockchain-Technologie, bei der Transaktionen in einer unveränderbaren Kette gespeichert werden, die durch die Zusammenarbeit von tausenden Computern weltweit sicher und dezentralisiert ist."*

♦ Blockchain

♦ Dezentralität / Sicherheit

♦ Mining / Blockbelohnung

♦ Schneeballsystem

Blockchain

5

„Okay, Max, ich glaube, ich verstehe so langsam, wie das Ganze funktioniert. Was mich interessiert: Selbst, wenn Bitcoin nicht gehackt werden kann – ich habe gelesen, dass Personen gehackt wurden und eine Menge Geld verloren haben ... Wie ist das denn passiert?"

Max nahm einen Schluck von seinem Getränk und sah Tom ernst an. „Das ist ein sehr wichtiger Punkt, den du ansprichst. Bitcoin selbst ist extrem sicher. Aber Börsen oder gewisse Wallets können unter Umständen durchaus gehackt werden." Er stellte seine Tasse ab und erklärte weiter: „Alle Bitcoin befinden sich in sogenannten Wallets. Das sind die digitalen Geldbörsen. Die Wallet hat zwei wichtige Teile: einen öffentlichen und einen privaten Schlüssel. Der öffentliche Schlüssel ist wie deine IBAN-Nummer beim Bankkonto – den kannst du jedem geben, damit er oder sie dir Bitcoin überweisen kann. Der private Schlüssel ist hingegen wie dein PIN-Code, mit dem du Transaktionen bestätigst und auf deine Bitcoin zugreifst. Wie bei allen Dingen, die eine PIN benötigen, gilt auch hier: Teile deine PIN niemandem mit. Ansonsten könnte dein Bitcoin-Konto schnell mal eben geleert werden."

Tom hörte Max aufmerksam zu. „Der private Schlüssel ist also so was wie der Schlüssel zu meinem Tresor? Aber bei einer Bank kann ich mein Geld zurückbekommen, wenn mein Konto gehackt wird ... Ich habe das ungute Gefühl, dass das bei Bitcoin nichts wird mit Rückerstattungen ..."

Max nickte ernst. „Genau, das ist eines der Risiken, die man unbedingt beachten sollte. Bei Bitcoin gibt es keine zentrale Instanz, keine Bank, die sagen kann: ‚Oh, da ist ein Fehler passiert, wir holen dein Geld zurück.‘ Wenn jemand deinen privaten Schlüssel bekommt, hat er vollen Zugriff auf deine Wallet und den darauf befindlichen Bitcoin. Und wenn deine Bitcoin einmal weg sind, sind sie weg. Es gibt keine Rückerstattungen."

Tom runzelte die Stirn. „Das heißt, meine Bitcoin können mir gestohlen werden, wenn jemand meine PIN hat. Aber wie konnten diese Hacks passieren, von denen ich gelesen habe?"

„Die meisten großen Hacks, von denen du vermutlich gehört oder gelesen hast, betreffen Börsen oder Plattformen, auf denen Leute ihre Bitcoin aufbewahren", erklärte Max. „Viele Menschen lassen ihre Bitcoin auf solchen Plattformen, anstatt sie in eine eigene Wallet zu übertragen. Das ist bequem, aber riskant. Wenn die Börse gehackt wird oder der Betreiber einen Fehler macht, können Hacker an die privaten Schlüssel der Kunden kommen und deren Bitcoin stehlen."

„Das heißt, wenn die Bitcoin auf einer Börse sind, können sie gehackt und gestohlen werden?"

„Das ist eine der Möglichkeiten, wie sie gestohlen werden können", bestätigte Max. „Wenn du deine Bitcoin auf einer Börse lässt, vertraust du im Grunde darauf, dass die Plattform sicher ist – was häufig, aber eben nicht immer der Fall ist. Der sicherste Weg ist, deine Bitcoin in eine eigene Wallet zu übertragen, bei der du allein den privaten Schlüssel kennst. Dann hast du die volle Kontrolle und niemand kann ohne diesen Schlüssel auf dein Geld zugreifen."

Tom atmete tief durch. „Also muss ich, wenn ich das richtig machen will, meine Bitcoin selbst aufbewahren und meine Wallet gut schützen."

Max lächelte. „Ich sag's mal so: Deine Entscheidung. Auf den Börsen lassen ist bequemer und günstiger, da du dir das Hin- und Herschicken und somit die Transaktionsgebühren sparst. Das Versenden auf die eigene Wallet kostet etwas mehr, aber es kann deinen Bitcoin nichts passieren. Unterm Strich hast du aber recht, Tom."

Tom wurde nachdenklicher. „Wie würdest du denn jetzt am besten starten, wenn du nochmals von vorne beginnen müsstest?", fragte er Max schließlich.

Max lehnte sich zurück und überlegte kurz, bevor er antwortete. „Ich werde dir keine konkreten Empfehlungen geben – das kann ich auch gar nicht. Du musst das selbst entscheiden. Bei Bitcoin und im ganzen Kryptomarkt gibt es ein gutes Sprichwort: ‚Not your keys, not your coins.' Oder auf Deutsch: ‚Nicht deine Schlüssel, nicht deine Münzen'." Er nahm einen Schluck von seinem Kaffee und fuhr fort: „Ich persönlich habe meine Bitcoin am Anfang lange auf einer Börse liegen gelassen, da das am Anfang sehr praktisch ist. Später habe ich mir eine Wallet besorgt, um meine Bitcoin sicherer aufzubewahren. Aber weißt du was? Wenn ich meine Bitcoin verloren hätte oder sie gestohlen worden wären, hätte ich niemand anderem als mir selbst die Schuld geben müssen. Verstehst du, was ich meine?"

Tom seufzte tief und rieb sich nachdenklich über das Kinn. „Das klingt für mich, als wäre das Risiko immer bei mir", sagte er schließlich. „Entweder ich lasse sie auf der Börse und riskiere, dass sie gestohlen werden, oder ich verschiebe sie auf meine eigene Wallet – und dann darf ich bloß nicht meine PIN verlieren."

Max nickte verständnisvoll. „Ja, das ist der Preis für die Freiheit. Wie gesagt, Bitcoin gibt dir die volle Kontrolle, aber mit dieser vollen Kontrolle kommt eben auch die volle Verantwortung." Er deutete auf den Kaffeetisch vor ihnen, als wolle er das Gesagte damit unterstreichen. „Denn, wie heißt es doch so schön: Not your keys ..."

Tom verdrehte leicht die Augen und ergänzte: „... not your coins, jaja, ich hab's verstanden."

Max lachte leise, während Tom noch einen großen Schluck von seinem mittlerweile lauwarmen Satoshi Special Latte nahm. Dann wurde er wieder ernst und sah seinen Freund nachdenklich an. „Insgesamt also ein ziemlich sicheres System, wenn man es richtig nutzt. Aber nichts für Leute, die gerne mal ihre Passwörter vergessen."

Ein leichtes Grinsen schlich sich auf Toms Gesicht, und auch Max konnte sich ein Lächeln nicht verkneifen. „Ja, genau. Wenn du zu denen gehörst, die ständig ihr Passwort vergessen, solltest du vielleicht besonders vorsichtig sein. Aber es gibt Methoden, wie du dich absichern kannst – Backups, Sicherheitskopien und so weiter."

Tom lehnte sich zurück und blickte auf das Bitcoin-Zeichen, das auf ihrem Tisch eingraviert war. Seine Gedanken schienen weit zu schweifen, bevor er schließlich die Augen wieder auf Max richtete. „Irgendwie hört sich ein unhackbares System an wie die unsinkbare Titanic ... Und wir wissen ja, wie das geendet hat. Gibt es wirklich keine Möglichkeit, dass dieses ganze System irgendwann zusammenbricht?"

Max überlegte eine Weile, dann sah er Tom wieder an und lächelte. „Nichts ist absolut sicher, Tom. Aber Bitcoin wurde so entwickelt, dass es extrem widerstandsfähig ist. Es läuft jetzt seit über zehn Jahren, ohne gehackt worden zu sein. Das allein ist in der heutigen Zeit schon ein Zeichen dafür, dass das System funktioniert." Er machte eine kurze Pause und fuhr dann fort: „Aber wenn wir ehrlich sind, ist Bitcoin trotzdem eine Wette auf die Zukunft. Niemand kann mit absoluter Sicherheit sagen, was in zehn, zwanzig Jahren passieren und wie die Welt dann sein wird."

Tom starrte weiter auf den Bitcoin auf dem Tisch und ließ die Worte sacken. „Eine Wette also?" Er lächelte plötzlich leicht, als er seine Gedanken in Worte fasste. „Vielleicht bin ich ja bereit, eine kleine Wette abzuschließen."

Max sah zufrieden aus, als er den letzten Schluck seines Monero Macchiato nahm. „Jetzt schon, Tom? Schon überzeugt? Aber denk daran, wie bei jeder Wette gilt auch hier: Nur das einsetzen, was du auch bereit bist, zu verlieren."

Max zwinkerte Tom zu und dieser begann, nachdenklich mit seiner Kaffeetasse zu spielen, während das vertraute Summen des Café Crypto um sie herum klang.

„Angenommen, ich bin bereit, diese ‚Wette' einzugehen", begann Tom schließlich, „wo kaufe ich denn überhaupt Bitcoin?"

„Es gibt inzwischen viele sichere Möglichkeiten, Bitcoin zu kaufen." Max richtete sich in seinem Sessel auf und streckte seinen Rücken durch. Dann nahm er seine Tasse, schloss die Augen, roch am Kaffee und nahm einen genüsslichen Schluck. „Allerdings sollte man aufpassen, denn es gibt auch einige Risiken. Zum Glück sind die gängigen Plattformen heutzutage benutzerfreundlich und sicher. Die häufigste Art, wie Bitcoin erworben wird, ist über Krypto-Börsen", erklärte er weiter. „Aber Achtung: Verwechsle das Kaufen von Bitcoin nicht mit der sicheren Aufbewahrung! Zum Kauf sind Börsen praktisch, doch wenn es um die langfristige Sicherheit geht, ist es wirklich ratsam, deine Bitcoin auf eine eigene Wallet zu übertragen."

Tom konnte sich ein Grinsen nicht verkneifen. „... oder eben nicht! Ist ja schließlich mir überlassen", warf er mit einem schelmischen Lächeln ein.

Max lachte und schüttelte den Kopf. „Na, du scheinst es ja schon richtig gut verstanden zu haben! Schlussendlich darfst du das selbst entscheiden. Die bekanntesten Börsen sind Binance und Coinbase. Auf den Börsen kaufst du Kryptowährungen gegen Fiat-Währungen wie Euro, Dollar oder Franken. Du meldest dich bei einer Börse an, zahlst Geld auf dein Konto ein, und dann kannst du Bitcoin kaufen. Es gibt sogar Funktionen, bei denen du Preisziele setzen kannst, also zu welchem Preis du kaufen oder verkaufen willst. Das kann ich dir später auch noch zeigen."

Tom schnaufte leise und lehnte sich zurück. „Du meintest, Börsen seien ein Weg, der für den Kauf von Bitcoin genutzt wird. Gibt's da auch noch andere Wege?"

„Ja, es gibt Alternativen. Wenn du keine Börse nutzen willst, kannst du Bitcoin über sogenannte Peer-to-Peer-Plattformen kaufen. Peer-to-Peer bedeutet, dass du direkt von anderen Personen kaufen oder an andere Personen verkaufen kannst, ohne dass ein Vermittler wie die Börse dazwischengeschaltet ist. Plattformen wie Bybit oder Bisq bieten das an. Du suchst dir einfach einen Verkäufer, einigst dich auf den Preis, und dann kaufst du die Bitcoin direkt von ihm."

Tom zog die Stirn kraus. „Das klingt ein bisschen wie Craigslist. Hört sich riskant an."

Max nickte langsam. „Die Plattformen bieten schon einige Sicherheiten. Oft gibt es ein Treuhandsystem, bei dem die Bitcoin erst freigegeben werden, wenn beide Parteien die Transaktion bestätigt haben. Trotzdem musst du vorsichtig sein und idealerweise nur mit Verkäufern handeln, die gute Bewertungen haben."

Tom schnaubte skeptisch. „Das überzeugt mich nicht. Was ist mit diesen Bitcoin-Automaten? Ich habe mal irgendwo gelesen, dass es so etwas gibt."

Max lachte laut auf, sodass das junge Pärchen, das sich soeben an den Nebentisch gesetzt hatte, überrascht hinüberblickte. „Die hatte ich fast vergessen! Solche Automaten gibt es tatsächlich. Sie funktionieren fast wie normale Geldautomaten. Du gehst hin, gibst Bargeld in den Automaten und die Bitcoin werden direkt an deine Wallet gesendet. Manche dieser Automaten erlauben es auch, Bitcoin wieder zu verkaufen und dafür Bargeld zu bekommen. Es gibt Online-Verzeichnisse, wie zum Beispiel CoinATMRadar, die dir zeigen, wo sich der nächste Bitcoin-Automat in deiner Nähe befindet", erklärte Max. „Der einzige Haken ist, dass die Gebühren oft höher sind als auf den Börsen. Dafür hast du den Vorteil, dass du ziemlich anonym und altmodisch Bitcoin kaufen kannst."

Tom runzelte die Stirn, während er die Informationen sacken ließ. „Interessant. Wieso denn nur ziemlich anonym? Und da fällt mir gleich eine weitere Frage ein: Wie anonym ist das Ganze eigentlich wirklich? Ich habe mal gehört, Bitcoin sei gar nicht so anonym, wie alle immer behaupten."

Max nickte zustimmend. „Während du dich bei den gängigsten Börsen häufig ausweisen musst, musst du bei den Bitcoin-Automaten oft keine oder nur wenige Daten angeben, aber vollständig anonym ist es trotzdem nicht. Es gibt auch häufig Kameras, wo diese Automaten stehen. Und zur zweiten Frage: Das stimmt. Bitcoin ist nicht komplett anonym, sondern pseudonym. Deine Transaktionen sind nicht direkt mit deinem Namen verknüpft, aber jede Transaktion wird auf der Blockchain gespeichert und ist öffentlich einsehbar. Das bedeutet, wenn jemand deine Wallet-Adresse kennt, kann er all deine Transaktionen zurückverfolgen."

Tom lehnte sich zurück, sichtlich nachdenklich. „Hm, und was, wenn ich einfach keine Lust auf diese ganzen technischen Spielereien habe? Gibt es keinen einfachen Weg, Bitcoin zu kaufen, ohne mich mit Wallets, Börsen und Blockchain-Kram rumschlagen zu müssen?"

Max grinste breit, als hätte er genau auf diese Frage gewartet. „Doch, tatsächlich gibt es das. Einige traditionelle Banken bieten mittlerweile den Kauf von Bitcoin an. Bei Neobanken wie Revolut oder Yuh kannst du Bitcoin direkt über die Apps kaufen – genauso wie du auch Aktien oder ETFs kaufen würdest. ETFs sind übrigens sogenannte Indexfonds: Sie bündeln viele verschiedene Aktien in einem Paket, sodass man mit einem einzigen Kauf breit gestreut investiert ist. Bitcoin so zu kaufen ist super einfach und bequem, aber ...".…" Max ließ den Satz unbeendet im Raum stehen.

„Aber was?", fragte Tom skeptisch.

„Na ja", fuhr Max fort und zuckte mit den Schultern, „du bekommst zwar Bitcoin, aber du hast häufig keine volle Kontrolle darüber. Die Banken halten die Bitcoin für dich, das bedeutet, du bist wieder abhängig. Manchmal ist es nicht möglich, die Bitcoin in eine andere Wallet zu übertragen, oder es ist teurer, als das über eine Börse zu tun. Ich finde diese Lösung eine sehr gute und einfache Möglichkeit, in den Kurs von Bitcoin zu investieren, aber das ist nicht unbedingt dasselbe, wie Bitcoin selbst zu besitzen."

Tom schüttelte leicht den Kopf und schmunzelte. „Es hat immer alles Vor- und Nachteile, auch bei Bitcoin. Aber für unsere kleine Wette reicht das doch, oder?" Er zwinkerte Max zu, der das Lächeln erwiderte.

„Ja, ich denke schon. Es ist der einfachste Weg, um anzufangen und ein Gespür dafür zu bekommen, wie sich das Ganze für dich persönlich anfühlt. Häufig beginnen die Leute so, während sie sich nebenbei noch weiter mit dem Thema auseinandersetzen. So war es zumindest bei mir. Es ist grundsätzlich immer wichtig, sich durch verschiedene Quellen ein eigenes Gesamtbild zu machen! Also sieh auch alles, was ich dir heute sage, nicht als absolute Wahrheit an, sondern eher als erste Hilfestellung."

Max lehnte sich entspannt zurück, seine Augen glitten über die Tische im Café Crypto, auf denen die Symbole in dezenter Beleuchtung auf den Tischen schienen. Das lebhafte Murmeln der Gäste und das Klirren von Tassen füllten die Luft, während das warme Licht der tiefhängenden Lampen die Szene behaglich umrahmte. Er deutete mit einem Finger auf das ₿-Zeichen vor ihm und sah Tom mit einem ernsten Lächeln an. „Jetzt, da wir über den Kauf von Bitcoin gesprochen haben, möchte ich dir im Detail erklären, wie du sie auch

sicher verwahren kannst. Es gibt hauptsächlich zwei Möglichkeiten: Hot Wallets
und Cold Wallets. Der entscheidende Unterschied zwischen beiden liegt darin, ob
sie mit dem Internet verbunden sind oder
nicht."

Tom ließ seine Augenbrauen in die
Höhe schnellen und lachte trocken. Er
stellte seine Tasse ab. „Lass mich raten",
sagte er augenzwinkernd. „Hot heißt heiß,
also ist die Hot Wallet mit dem Internet
verbunden, richtig?"

Max schmunzelte und nickte. „Ganz genau! Eine Hot Wallet ist immer mit dem Internet verbunden. Das sind die Wallets, die
du auf deinem Smartphone, deinem Computer oder direkt bei Krypto-Börsen hast.
Sie sind extrem praktisch, weil du sofort
und ohne Umwege auf deine Bitcoin zugreifen kannst. Ideal, wenn du oft Transaktionen machst oder schnell handeln willst.
Aber der Nachteil ist, dass sie auch anfälliger für Angriffe aus dem Netz sind. Hacker,
Viren, all das Zeug."

Tom nickte verständnisvoll und rieb
sich nachdenklich das Kinn. Die Informationen begannen sich langsam zu setzen,
aber er wollte noch mehr wissen. „Also
schnell, aber riskanter. Was ist dann mit

diesen Cold Wallets? Die müssten dann ja das Gegenteil sein, richtig?"

„Genau", bestätigte Max und fuhr sich durch das Haar, bevor er sich leicht zur Seite drehte, um seinen Rucksack zu öffnen. „Cold Wallets sind die sicherere Variante, wenn du deine Bitcoin langfristig sicher verwahren willst. Diese Wallets sind nämlich nicht mit dem Internet verbunden." Er zog einen kleinen, unscheinbaren USB-ähnlichen Stick aus dem Rucksack, ließ ihn ein paar Mal durch seine Finger gleiten und legte ihn dann auf den Tisch. „Das hier ist eine Hardware-Wallet, also eine Art von Cold Wallet. Sie speichert deine privaten Schlüssel offline. Du verbindest sie nur mit dem Internet, wenn du eine Transaktion durchführen möchtest. Sobald du die Verbindung trennst, ist sie wieder sicher und nicht angreifbar."

Tom betrachtete den kleinen Stick, der unscheinbar auf dem Tisch lag. „Klingt schon sicherer", meinte er nach einer Weile. „Aber was passiert, wenn ich das Ding verliere oder es kaputtgeht? Dann habe ich doch auch den Zugriff auf meine Bitcoin verloren, oder?"

Max schüttelte lächelnd den Kopf, als ob er diese Frage schon unzählige Male gehört hätte. „Das scheint ein Problem zu sein, nicht? Aber keine Panik – deine Bitcoin sind auf der Blockchain gespeichert und nicht auf dieser Hardware-Wallet. Das heißt, wenn du diesen Stick verlieren würdest oder er kaputt ginge, hast du immer noch deine sogenannte Seed-Phrase. Das ist eine Serie von 12 oder 24 Wörtern, die beim Einrichten der Wallet generiert wird. Solange du diese Wörter sicher aufbewahrst, kannst du deine Bitcoin wiederherstellen. Selbst wenn das Gerät verloren oder zerstört wird, müsstest du dir nur ein neues kaufen und könntest es mit deiner Seed-Phrase wiederherstellen."

Tom nahm den Stick in die Hand und musterte ihn genau. „Aber wenn ich diese Wörter verliere, dann ist es vorbei, richtig? Dann sind meine Bitcoin auch wirklich weg?"

Max wurde ernst und nickte, die sonst lockere Haltung wich plötzlich einer ernsteren Atmosphäre. „Ja, genau. Die Bitcoin sind zwar dann nicht weg, aber wenn du sowohl die Hardware-Wallet als auch die Seed-Phrase verlierst, hast du keinen Zugriff mehr darauf. Niemand kann dir dabei helfen, sie wiederzubekommen. Es gibt keine zentrale Stelle, keinen

Kundenservice. So haben bereits viele Menschen den Zugriff auf ihre Bitcoin verloren. Diesen Sicherheitsmechanismus musst du ernst nehmen! Schlussendlich heißt Freiheit immer auch Verantwortung. Das ist der Preis der Unabhängigkeit."

Tom starrte gedankenverloren aus dem Fenster und trommelte dabei unbewusst mit seinen Fingern auf der Tischplatte. „Freiheit und Verantwortung", murmelte er leise, und ein bitteres Lächeln huschte über sein Gesicht. „Ich beginne zu verstehen, wieso viele Menschen von diesem Thema angetan sind."

Max lächelte. „Willkommen in der Welt von Bitcoin, Tom."

Max bringts auf den Punkt - *„Bitcoin ist sicher, aber du musst deine privaten Schlüssel gut schützen und entscheidest selbst, ob du deine Bitcoin in Börsen oder einer eigenen Wallet aufbewahrst – die Freiheit kommt mit Verantwortung."*

◆ Wallets

◆ Verantwortung / Kontrolle

◆ Öffentlicher / privater Schlüssel

Kauf & Sicherheit

6

Toms Blick glitt durch den Raum, doch seine Gedanken kreisten immer wieder um dieselben Worte: Freiheit und Verantwortung. Er sah Max ernst an und nach einer Weile brach er das Schweigen. „Max, ich weiß, dass es auch eine ganze Menge Risiken und Kritik an Bitcoin gibt. Ich meine, das alles klingt ja fast zu gut, um wahr zu sein. Dezentralität, Unabhängigkeit, große Gewinnmöglichkeiten. Meine Eltern pflegten zu sagen, wenn es sich zu gut anhört, um wahr zu sein, dann ist es das meistens auch. Man liest auch immer wieder in den Zeitungen, dass viele Leute ihr Geld verlieren. Irgendwo, irgendwie." Er sah Max geduldig an, als er seine Antwort abwartete.

Dieser nickte verständnisvoll. „Bitcoin und die gesamte Kryptowelt sind faszinierend, es gibt unzählige gute Ideen und Projekte, die zahlreiche Vorteile bieten. Aber es gibt natürlich auch Risiken – und die darf man auf keinen Fall ignorieren." Er machte eine kurze Pause, als wollte er die richtigen Worte finden, bevor er fortfuhr. „Lass uns die wichtigsten Punkte durchgehen, damit du ein klareres Bild davon hast, worauf du dich einlässt."

Das war die Reaktion, die sich Tom gewünscht hatte. Max lehnte sich etwas zurück und verschränkte die Hände auf dem Tisch, während er zu sprechen anfing. „Erstens – und das ist wohl das offensichtlichste Risiko – die Volatilität. Der Bitcoin-Kurs schwankt teilweise stark. Manchmal gibt es große Preissprünge in sehr kurzer Zeit. Sowohl nach oben wie auch nach unten. Was heute wie ein Gewinn aussieht, kann morgen schon ein Verlust sein. Das ist nichts für schwache Nerven. Mir hilft es, wenn ich damit rechne, dass alles Geld, was ich in Bitcoin investiere, im schlimmsten Fall nichts mehr wert ist. So investiere ich defensiv und solche Kursschwankungen beängstigen mich nicht."

Tom hatte bereits von den wilden Kursschwankungen gehört, aber jetzt, da er sich näher damit beschäftigte, klangen diese Risiken noch realer. „Und wie sieht es mit der Kritik von außen aus? Viele Leute verteufeln Bitcoin. Woran liegt das?"

Max setzte sich wieder aufrecht hin und schob seine leere Kaffeetasse hin und her. „Ja, es gibt viel Kritik, und nicht alles davon ist unbegründet. Regierungen und Banken haben Sorge, dass Bitcoin den traditionellen Finanzsystemen Konkurrenz macht – und das tut es auch, zumindest in gewisser Weise. Es werden immer wieder Theorien aufgestellt, wie Bitcoin das Finanzsystem zerstören würde und wir alle daran leiden würden. Ich denke aber nicht, dass das so schnell passieren wird. Meiner Meinung nach wird sich Bitcoin langsam, aber sicher etablieren und neben dem heutigen Finanzsystem koexistieren. Eine Art Parallelwelt. Und dann kann jeder selbst entscheiden, welches System er wann und wofür nutzen will. Aber auch das ist nur eine Theorie. Es gibt natürlich auch Probleme, die heute bereits existieren, zum Beispiel in Bezug auf die Umweltbelastung. Der Energieverbrauch des Bitcoin-Netzwerks ist enorm, und das sorgt für hitzige Diskussionen. Auf jeden Fall ein ernstzunehmender Kritikpunkt. Die Bitcoin-Miner verbrauchen sehr viel Strom. Viele arbeiten daran, das Problem zu lösen, aber der hohe Energieverbrauch bleibt ein bedeutendes Thema. Es gibt zwar Fortschritte, wie etwa die Nutzung erneuerbarer Energien, da Miner oft in Regionen mit billiger Wasserkraft oder Solarenergie aktiv sind. Schätzungen zufolge wird schon heute ein erheblicher

Teil des Minings mit nachhaltigen Energiequellen betrieben – zurzeit sind es fast 60 %. Manche argumentieren sogar, dass Bitcoin das Potenzial hat, den Ausbau erneuerbarer Energien zu fördern, weil Miner nach den günstigsten Energiequellen suchen. Aber die schiere Menge an verbrauchter Energie ist dennoch nicht von der Hand zu weisen. Auf der anderen Seite darf man nicht vergessen, dass genau dieser hohe Energieverbrauch auch die Dezentralisierung und Sicherheit des Netzwerks sicherstellt. Ohne diesen Aufwand wäre Bitcoin anfälliger für Angriffe und Manipulationen. Manche vergleichen den Energieverbrauch auch mit dem globalen Finanzsystem, das ebenfalls enorme Mengen an Energie benötigt. Es ist also nicht einfach, nur den Stromverbrauch von Bitcoin isoliert zu betrachten."

„Verstehe, also ist es ein Problem, aber es wird ständig nach neuen Lösungen dafür gesucht. Was ist denn der heutige Stand?", fragte Tom und runzelte dabei die Stirn.

„Bitcoin hat im Jahr 2023 115 TWh verbraucht. Zum Vergleich: In der Schweiz und Österreich verbrauchen wir etwa die Hälfte davon. In Deutschland etwa das

Vierfache. Das globale Bankensystem benötigt etwa doppelt so viel Energie."

„Interessante Zahlen. Das werde ich in Zukunft definitiv verfolgen", seufzte Tom und legte seinen Kopf in den Nacken, als wollte er eine Anspannung in diesem Bereich lösen. „Was gibt es noch zu beachten?"

„Eine häufige Kritik betrifft die Anonymität von Bitcoin."

„Du meintest ja, dass Bitcoin nicht wirklich anonym ist, sondern halb anonym, stimmts?", warf Tom ein.

„Bitcoin ist pseudonym, aber mir gefällt ,halb anonym' sogar besser." Max zwinkerte Tom zu. „Aber darauf wollte ich nicht hinaus. Viele sehen diese Pseudonymität als Vorteil – sie schützt deine Privatsphäre und macht dich weniger angreifbar durch zentrale Institutionen. Allerdings hat sie auch ihre Schattenseiten. Wie ich dir bereits erklärt habe, sind die Transaktionen zwar öffentlich und transparent, aber nicht direkt mit einer Person verknüpft. Das wiederum bedeutet, dass du auf der Blockchain zwar jede Transaktion sehen kannst, aber nicht weißt, wer dahintersteckt. Einerseits schützt es die Privatsphäre der

Nutzer, andererseits können genau das auch Kriminelle ausnutzen."

Tom runzelte die Stirn. „Aber wenn man nicht weiß, wem eine Transaktion gehört – woher weiß man dann, dass sie aus kriminellen Aktivitäten stammt?"

Max nickte. „Gute Frage! Es gibt spezialisierte Unternehmen und Behörden, die Blockchain-Analysen durchführen. Sie identifizieren verdächtige Muster, verfolgen Zahlungen zu bekannten Darknet-Marktplätzen oder Wallets, die mit Straftaten in Verbindung gebracht wurden. Natürlich ist das keine exakte Wissenschaft, aber durch diese Methoden kann man mit hoher Wahrscheinlichkeit einschätzen, welche Transaktionen mit illegalen Aktivitäten verknüpft sind. Wenn ich die Zahlen richtig im Kopf habe, wurden 2023 lediglich zwischen 0,3 % und 0,5 % aller Transaktionen auf der Blockchain für kriminelle Aktivitäten genutzt. Das zeigt, dass Bitcoin längst nicht so sehr für illegale Zwecke missbraucht wird, wie manche behaupten. Aber die Möglichkeit besteht, und das ist ein Punkt, den viele Regierungen und Institutionen kritisieren."

Er lehnte sich nach vorne, seine Stimme wurde ernster. „Es gibt noch einen weiteren Punkt, den ich ansprechen möchte", sagte er langsam. „Die fehlende oder mangelnde Regulierung. Weil Bitcoin und Kryptowährungen generell noch relativ neu sind, gibt es immer noch große Lücken im Bereich Regulation. Das bedeutet, dass die Gefahr von Betrug und Scams hoch ist. Es gibt unzählige unseriöse Projekte da draußen – einige sehen echt professionell und vertrauenswürdig aus, aber sie zielen nur darauf ab, die Unwissenheit, die Gutgläubigkeit und die Gier von Menschen auszunutzen."

Tom sah ihn überrascht an. „Wie erkenne ich denn so was?"

Max schüttelte den Kopf. „Es ist schwierig, und genau das ist das Problem. Betrüger setzen alles daran, so legitim wie möglich zu wirken. Sie versprechen dir hohe Gewinne in kurzer Zeit oder erzählen dir von revolutionären Technologien, die niemand außer ihnen versteht. Das ist eine der großen Gefahren: Man muss ständig auf der Hut sein, besonders wenn man neu in der Welt der Kryptowährungen ist. Du solltest immer sorgfältig prüfen, wo du dein Geld investierst, und sicherstellen, dass du nur mit vertrauenswürdigen Quellen arbeitest. Zudem ist es sehr empfehlenswert, dass du erst investierst, wenn du wirklich verstehst, worin du investierst. Zudem solltest du dich auch mit den kritischen Stimmen zu befassen. Und natürlich immer nur das investieren, was du im schlimmsten Fall zu verlieren bereit bist."

Tom seufzte tief und ließ sich wieder in den Sessel sinken. „Es klingt alles so faszinierend, aber gleichzeitig auch ... ein bisschen beängstigend."

Max klopfte ihm aufmunternd auf die Schulter. „Das Wichtigste ist, dass du informiert bleibst. Mach deine Hausaufgaben, recherchiere, vertraue nicht blind und sei vorsichtig, wenn dir jemand das Blaue vom Himmel verspricht. Ja, es gibt Risiken, aber wenn du dich gut absicherst und bewusst vorgehst, können auch die Chancen sehr interessant sein."

„Es gibt also viele Aspekte, die man im Auge behalten muss. Bitcoin ist definitiv noch nicht perfekt."

„Mir gefällt, dass du ein ‚noch' in die Aussage eingebaut hast", stellte Max vergnügt fest. „Wie bei jeder neuen Technologie gibt es sowohl Chancen als auch Risiken. Wichtig ist, sich sachlich zu informieren und vorsichtig zu handeln. Es ist entscheidend, ein ausgewogenes Bild zu haben, damit du fundierte Entscheidungen treffen kannst. Das ist der Schlüssel – egal, ob bei Bitcoin oder jeder anderen Investition. Und so wie ich dich kenne, wirst du nach unserem Gespräch bestimmt noch mehr darüber recherchieren. Ich werde dir noch ein paar Links mitgeben, damit du dich weiter ins Thema einlesen kannst. Ich glaube an Bitcoin und daran, dass es das Finanzsystem revolutionieren kann. Aber jeder darf und muss sich ein eigenes Bild machen. Bitcoin ist wie ein Werkzeug, das viele neue Möglichkeiten eröffnet. Je mehr du darüber lernst und dich damit auseinandersetzt, desto mehr wirst du die Facetten und Chancen erkennen, die es bietet."

„Du hast gesagt, du glaubst an das Potenzial von Bitcoin. Was denkst du, wo geht die Reise für Bitcoin hin?", bohrte Tom nach und schaute Max neugierig an.

Max lehnte sich entspannt zurück, sein Lächeln breitete sich wieder auf seinem Gesicht aus, als er über die Frage nachdachte. „Das ist eine spannende Frage, Tom", begann er und hob seine linke Hand, als wolle er die Weite der möglichen Zukunft andeuten. „Die Zukunft von Bitcoin ist ein großes Thema, und es gibt viele verschiedene Szenarien, wie sich alles entwickeln könnte. Es gibt so viele Faktoren, die die Reise beeinflussen werden."

Tom nickte und verschränkte die Arme vor der Brust. Er wirkte konzentriert, als wollte er keinen der Punkte verpassen, die Max ihm nun aufzählen würde. „Was sind denn diese Faktoren?"

„Zuerst einmal", sagte Max und schob seine Brille zurecht, „müssen wir über Akzeptanz sprechen." Er legte den Finger auf den Tisch, als wolle er einen wichtigen Punkt markieren. „Die Akzeptanz von Bitcoin als Zahlungsmittel und auch als Wertaufbewahrung wächst. Immer mehr Menschen und sogar Unternehmen und Staaten beginnen, Bitcoin zu akzeptieren oder zumindest in ihre Bilanzen aufzunehmen. Große Einzelhändler wie Home Depot oder Starbucks ermöglichen Kunden indirekt, mit Bitcoin zu bezahlen, indem sie auf Drittanbieter-Plattformen wie BitPay setzen. Und dann gibt es Unternehmen wie MicroStrategy, die Milliarden in Bitcoin investiert haben, weil sie es als langfristigen Wertspeicher betrachten. 2021 war es auch für eine kurze Zeit möglich, bei Tesla direkt mit Bitcoin zu bezahlen, bevor die Umweltdebatte über den Energieverbrauch des

Bitcoin-Netzwerks die Akzeptanz bei Tesla stoppte."

„Zudem gibt es mittlerweile viele Krypto-Kreditkarten und Bezahl-Apps, die es ermöglichen, Bitcoin in die Währung umzuwandeln, die du zum Bezahlen benötigst. Firmen wie Crypto.com und Binance bieten Karten an, mit denen du deine Bitcoin ausgeben kannst, als wäre es normales Geld", erklärte Max, während er eine Handbewegung machte, als wollte er den unsichtbaren Vorteil dieser Technologie aufzeigen.

„Insgesamt hängt die Akzeptanz von Bitcoin als Zahlungsmittel aber natürlich auch von den regulatorischen Maßnahmen eines Landes ab sowie von den Transaktionskosten und der Möglichkeit, das Netzwerk zu skalieren, sprich die Blockchain für eine breite Nutzung zur Verfügung zu stellen." Seine Stimme klang bedacht, als er das Thema ansprach. „Zunächst zur Regulierung. Die Art und Weise, wie Regierungen und Finanzaufsichtsbehörden mit Bitcoin umgehen, wird einen massiven Einfluss auf seine kurz- und mittelfristige Zukunft haben. Während einige Länder, wie El Salvador und für einen kurzen Zeitrahmen auch die Zentralafrikanische

Republik, Bitcoin als offizielles Zahlungsmittel akzeptiert hatten, reagieren andere
Länder mit strikten Vorschriften oder sogar Verboten. Die Schweiz steht als sehr
Bitcoin-freundliches Land da und der Kan-
ton Zug, wo man die Steuern mit Bitcoin
bezahlen kann, gilt sogar als ‚crypto valley‘.
Auch Österreich und Deutschland gelten
als kryptofreundlich, wobei sie nicht so li-
beral reguliert sind, wie das in der Schweiz
der Fall ist. China hingegen hat Krypto-Mi-
ning und -Transaktionen stark einge-
schränkt, respektive seit 2021 gesetzlich
verboten. Die weltweite Entwicklung dieser
Regulierungen wird entscheidend dafür
sein, wie Bitcoin in der breiten Öffentlichkeit wahrgenommen wird und wie sich die
Technologie weiterentwickeln kann.“

Tom ließ sich das durch den Kopf gehen.
„Das klingt fast, als ob die Regulierung darüber entscheiden könnte, ob Bitcoin langfristig bestehen kann.“

Max nickte langsam. „Teilweise. Die Regulierung kann Bitcoin entweder weiter in
den Mainstream bringen oder es stark einschränken. In der EU zum Beispiel sieht
man Bitcoin-freundliche Fortschritte in
Richtung eines regulierten Krypto-Mark-
tes. Das sogenannte MiCA-Gesetz soll

helfen, klare Regeln für den Umgang mit Bitcoin und Kryptowährungen generell zu schaffen. Auf der anderen Seite könnte eine zu strenge Regulierung Innovationen ersticken. Dennoch denke ich, dass Bitcoin bereits den Punkt überschritten hat, an dem es langfristig durch regulatorische Maßnahmen zerstört werden könnte."

Tom überlegte einen Moment. „Und was ist, wenn Regierungen Bitcoin in noch mehr Ländern verbieten? Würde das nicht die Zukunft von Bitcoin gefährden?"

Max lächelte leicht. „Das ist eine Möglichkeit, wobei ich denke, dass ein solches Szenario die breite Akzeptanz höchstens verzögern könnte. Es ist auch durchaus möglich, dass die Bevölkerung die Verbote hinterfragt und die Neugier in diesem Land stärker zunimmt. Ich habe dir ja bereits von Nigeria erzählt, wo die Regierung Bitcoin einschränken wollte. Nach dem Verbot stiegen das Interesse, die Akzeptanz und sogar die Nutzung von Bitcoin. Selbst wenn einige Länder es verbieten, kann es in anderen weiter bestehen. Das globale Netzwerk ist der Schlüssel zu seiner Widerstandsfähigkeit. Ein weiterer entscheidender Punkt ist die technologische Weiterentwicklung. Bitcoin mag zwar der erste und bekannteste Player im Kryptomarkt sein, aber die Technologie dahinter entwickelt sich ständig weiter. Je größer die Bekanntheit und die Akzeptanz, desto größer wird die Auslastung des Netzwerks sein, was neue Herausforderungen mit sich bringt. Ein meiner Meinung nach sehr gute Beispiel dafür ist das Lightning Network, über das wir gesprochen haben. Es ist diese zweite Schicht, die mehrere Transaktionen in eine einzige bündelt, wodurch die Kosten gesenkt werden. Das ist besonders nützlich für alltägliche Zahlungen und kleine Transaktionen. Ein weiteres spannendes Gebiet ist die Integration von Bitcoin in traditionelle Finanzsysteme. Immer mehr Banken und Finanzdienstleister beginnen, Bitcoin und andere Kryptowährungen in ihre Angebote aufzunehmen. Als der erste Bitcoin-ETF im Januar 2024 in den USA genehmigt wurde, stieg das Interesse an Bitcoin und die Medienberichterstattung war insgesamt sehr positiv. Diese ETFs machen Bitcoin noch zugänglicher, da sie es Anlegern ermöglichen, in Bitcoin zu investieren, ohne die Kryptowährung direkt erwerben zu müssen. Dies ist besonders für Unternehmen attraktiv, da sie so einfacher und unter klar definierten regulatorischen Rahmenbedingungen in Bitcoin investieren können.

Allerdings sind solche ETFs bisher nur in den USA verfügbar. In Europa hingegen können Anleger derzeit hauptsächlich über ETNs (Exchange Traded Notes) in Bitcoin investieren, die zwar ähnlich funktionieren, aber regulatorisch anders eingestuft werden.

Die Einführung von Bitcoin-ETFs in den USA hat dazu geführt, dass viele Menschen, die zuvor zögerten, in Bitcoin zu investieren, ermutigt wurden, da die regulatorischen Rahmenbedingungen klarer definiert wurden.

Tom nickte nachdenklich. „Es scheint also, dass die Zukunft von Bitcoin von vielen Faktoren abhängt: öffentliche Wahrnehmung und Akzeptanz, Regulierung sowie die Entwicklung der Technologie. Das ist eine Menge, was man im Blick behalten muss."

„Das sehe ich genauso", bestätigte Max und lächelte. „Diese verschiedenen Faktoren können Bitcoin entweder schnell zu einer Mainstream-Währung machen oder sich zu Hindernissen entwickeln. Die Entwicklungen in diesen Bereichen sind sowohl aufregend als auch herausfordernd.

Und da die Veränderungen teilweise sehr schnell passieren, ist es wichtig, die Entwicklungen von und um Bitcoin im Auge zu behalten. Je mehr Menschen sich die Zeit nehmen, um selbst zu recherchieren und sich mit dem Thema auseinanderzusetzen, desto positiver wird das für Bitcoin sein. Denn dadurch können Missverständnisse ausgeräumt und ein besseres Verständnis geschaffen werden. Ich bin fest davon überzeugt, dass Aufklärung und Diskussion eine Schlüsselrolle spielen werden."

Max bringts auf den Punkt - *"Bitcoin hat enormes Potenzial, aber es gibt viele Risiken, die man nicht unterschätzen sollte, wie die Volatilität, Umweltaspekte und die Notwendigkeit einer klaren Regulierung."*

- ◆ Risiken / Kritikpunkte

- ◆ Volatilität / starke Preisschwankungen / Regulierung / Stromverbrauch / Pseudonymität

- ◆ Chancen

Kritik

7

Tom nickte entschlossen. „Na gut, ich habe erst mal genug Theorie gehört und du warst ziemlich überzeugend. Lass uns nochmals auf die Wette zurückkommen. Sagen wir, ich will mich mal mit 50 Franken versuchen und schauen, was passiert. Wie mache ich das?"

Max lächelte, erfreut über Toms Aufforderung. „Das klingt nach einem guten Plan! Anschließend erkläre ich dir noch, auf welche Hilfsmittel du zurückgreifen kannst, um herauszufinden, ob Bitcoin derzeit eher günstig oder teuer ist. Der erste Schritt ist, herauszufinden, wo wir Bitcoin kaufen wollen. Hast du dir darüber schon Gedanken gemacht?"

Tom überlegte kurz, während er sich am Kopf kratzte. „Ich finde Börsen nun tatsächlich doch spannender als die einfachere Lösung mit den Neobanken. Wenn ich schon in Bitcoin investiere, dann möchte ich auch echte Bitcoin besitzen!"

„Das ist eine gute Wahl", sagte Max zustimmend. „Es gibt viele verschiedene Krypto-Börsen, aber ich kann dir einige empfehlen. Binance und Coinbase sind die größten und bekanntesten. Mein persönlicher Favorit ist derzeit Bitvavo. Die Plattform hat eine einfache und benutzerfreundliche Oberfläche und bietet ausgezeichnete Konditionen, insbesondere für Einsteiger." Max zog sein Tablet hervor und öffnete die Bitvavo-Website. „Hier ist es. Zuerst musst du dich registrieren. Klicke einfach auf den Knopf ‚Registrieren'."

Tom nickte und folgte Max' Anweisungen. Er öffnete den Link auf dem Tablet und begann, die erforderlichen Informationen auszufüllen. Während er seine Daten eingab, fragte er: „Was passiert, nachdem ich mich registriert habe?"

„Nachdem du deine E-Mail-Adresse eingegeben und die Bestätigung deiner Registrierung erhalten hast, wirst du aufgefordert, deine Identität zu verifizieren", erklärte Max. „Einige Plattformen verlangen aus Sicherheitsgründen einen Identitätsnachweis wie deinen Reisepass oder deinen Personalausweis."

„Das klingt logisch, aber dann ist es nicht mehr anonym, korrekt?", fragte Tom und tippte weiter.

„Das ist korrekt, dein Konto auf der Börse ist in der Regel nicht anonym. Wenn du die Bitcoin aber auf eine private Wallet schickst, weiß niemand, ob das deine Wallet ist oder sie einer anderen Person gehört", erläuterte Max.

„Okay, ich wollte einfach nochmals prüfen, ob ich das richtig verstanden habe."

Max nickte und fuhr fort: „Sobald deine Identität bestätigt ist, kannst du Geld auf dein Konto einzahlen. Meist werden verschiedene Einzahlungsmethoden angeboten, einschließlich Banküberweisung und Kreditkarte. Für den Anfang könntest du eine einfache Banküberweisung wählen, um deine 50 Franken einzuzahlen."

„Okay, ich habe alles erledigt. Was kommt als Nächstes?", fragte Tom und schloss den Registrierungsprozess ab. Ein Gefühl der Aufregung breitete sich in ihm aus. Er war bereit, diesen ersten neuen Schritt in die Welt der Kryptowährungen zu wagen.

Max grinste. „Jetzt kommt der spannende Teil! Nachdem dein Geld auf deinem Konto auf der Börse angekommen ist, kannst du deine ersten Bitcoin kaufen. Ich zeige dir, wie du das machst, und wir schauen uns gemeinsam die verschiedenen Kaufoptionen an. Es gibt auch einige wichtige Tipps, die du beachten solltest, um sicherzustellen, dass du gut informiert bist."

„Zunächst zum Kauf selbst", fuhr Max fort, nachdem er den letzten Schluck seines Getränkes genommen und das Glas auf den Tisch zurückgestellt hatte. „Du kannst in der Suchleiste nach Bitcoin suchen und auf das Bitcoin-Zeichen klicken. Jetzt sollte sich ein Chart öffnen und am unteren Rand deines Smartphones steht jetzt ‚BTC kaufen'. Wenn du dort draufklickst, kannst du die Menge an Bitcoin angeben, die du kaufen möchtest, oder den Betrag, den du für Bitcoin ausgeben willst, in deinem Fall die 50 Franken."

Tom wählte den Betrag aus, den er investieren wollte, und schloss den Kauf ab. „Und jetzt liegen meine Bitcoin aber auf der Börse und können immer noch gestohlen werden, oder?"

„Genau", sagte Max. „Wie ich schon sagte, ist immer ratsam, sich eine eigene Wallet anzulegen und die Kryptowährungen darauf zu transferieren. Dennoch denke ich nicht, dass du jetzt gleich gehackt wirst. Aber behalt das Thema im Hinterkopf und informier dich selbst nochmals über die Vor- und Nachteile der verschiedenen Wallets. Die Sicherheit deiner Bitcoin liegt ab nun in deinen Händen, mein Schüler." Max lachte laut auf.

Tom lachte mit. „Ich werde das im Hinterkopf behalten. Ich denke, wenn ich in nächster Zeit nicht auf dubiose Links klicke, dann sollte nichts passieren." Tom schaute auf sein Smartphone, auf dem die Bestätigung des Bitcoin-Kaufs angezeigt wurde. „Wow, es ist echt passiert! Ich habe jetzt meine ersten Satoshis!"

„Herzlichen Glückwunsch!", sagte Max begeistert. „Das ist ein großer Moment. Ich erinnere mich noch an meinen ersten Bitcoin-Kauf. Meine ersten Käufe sind eine Weile auf der Börse liegengeblieben und glücklicherweise ist nichts passiert. Aber das bleibt unter uns." Max zwinkerte Tom zu. „Ich glaube, jetzt, wo du selbst Geld investiert hast, liegt es noch mehr in deinem Interesse, dich mit diesem Thema auseinandersetzen, damit du es auch wirklich verstehst und du dich auch fundiert entscheiden kannst, wie du weiter vorgehen willst. Denn du darfst nicht vergessen, wenn was schiefläuft, ist es deine Verantwortung."

„Ja, das denke ich auch. Du wolltest mir noch ein paar Tipps mitgeben?"

„Genau! Es gibt ein paar wichtige Charts und Indikatoren, die du als Bitcoin-Investor kennen solltest", sagte Max mit ernstem

Ton. „Wenn du diese verstehst, kannst du bessere Entscheidungen treffen, bist weniger von Panik oder Euphorie geleitet und kaufst Bitcoin günstiger ein. Zuerst sprechen wir über die Limit Order. Das ist eine der wichtigsten Funktionen, die du auf einer Börse nutzen kannst. Im Gegensatz zu einer Market Order, die du soeben benutzt hast, als du für 50 Franken Bitcoin zum aktuellen Preis gekauft hast, kannst du bei einer Limit Order den Preis selbst festlegen, zu dem du kaufen oder verkaufen möchtest. Sagen wir, der Bitcoin-Kurs liegt bei 100.000 CHF, aber du möchtest ihn für 99.000 CHF kaufen. Dann gibst du eine Limit Order mit 99.000 CHF ein. Wenn der Kurs nun unter 99.000 CHF fällt, wird dein Kauf automatisch ausgeführt. Das ist eine praktische Funktion, weil vor allem bei stark schwankenden Märkten der Preis in Sekundenschnelle hoch- und runterspringen kann. Mit einer Limit Order hast du Kontrolle über den Preis, für den du kaufen oder verkaufen möchtest. Das funktioniert übrigens auch beim Verkaufen. Wenn du Bitcoin bei 150.000 CHF verkaufen willst, kannst du das bereits jetzt einstellen und musst den Kurs nicht ständig im Auge behalten."

„Das hört sich tatsächlich nützlich an. Ich denke, das wird mir auch helfen, rationale Entscheidungen durchzusetzen", erkannte Tom.

Max nickte fröhlich und fuhr fort: „Als Nächstes solltest du den Fear and Greed-Index kennen. Das ist ein Stimmungsindikator, der zeigt, ob der Markt aktuell von Angst (Fear) oder Gier (Greed) getrieben wird. Der Index reicht von 0 bis 100. Ein niedriger Wert (0 bis 25) bedeutet extreme Angst. Das kann eine Kaufgelegenheit sein, weil viele Menschen in Panik verkaufen. Ein hoher Wert (75 bis 100) signalisiert extreme Gier. In solchen Phasen neigen die Leute dazu, übermäßig zu kaufen, was oft zu Kursübertreibungen führt. Das ist in der Regel ein guter Zeitpunkt für einen möglichen Verkauf. Natürlich vorausgesetzt, du willst deine Bitcoin überhaupt verkaufen."

„Du meinst, das ist eine Art Fühler für die Stimmung im Markt?", fragte Tom.

„Genau! Der Fear and Greed-Index basiert auf verschiedenen Faktoren wie Volatilität, Handelsvolumen, Social Media-Trends und Umfragen. Er ist keine perfekte Vorhersage, aber er kann dir helfen, Panik oder Euphorie im Markt zu erkennen und entsprechend handeln zu können. Ein weiterer guter Indikator, um zu erkennen, ob Bitcoin momentan sehr gefragt ist, sind Google Trends. Hier kannst du verschiedene Suchbegriffe untersuchen und herausfinden, wie häufig nach einem spezifischen Begriff wie ‚Bitcoin' gegoogelt wurde. Das Ganze kannst du lokal und auch weltweit untersuchen. Kommen wir zu einem weiteren wichtigen Chart: die Bitcoin-Dominanz. Sie misst den Anteil von Bitcoin am gesamten Kryptowährungsmarkt. Wenn die Dominanz hoch ist, bedeutet das, dass das meiste Geld im Kryptomarkt in Bitcoin investiert ist. Fällt die Dominanz, dann fließt Geld stärker in Altcoins wie Ethereum oder andere kleinere Kryptowährungen."

„Warum ist das wichtig?", fragte Tom.

„Die Bitcoin-Dominanz kann dir Hinweise darauf geben, ob es gerade Sinn macht, mehr Geld in Bitcoin oder Altcoins zu investieren. Altcoin ist ein Überbegriff für alle anderen Kryptowährungen außer Bitcoin. Dieser Chart ist vor allem dann hilfreich, wenn du dein Gewinnpotenzial erhöhen willst", erläuterte Max und erklärte weiter: „Wenn die Bitcoin-Dominanz steigt, dann investieren Menschen mehr in Bitcoin, weil sie Sicherheit suchen. Wenn die Dominanz fällt, investieren sie mehr in Altcoins und denken, dass andere Kryptowährungen stärker im Kurs ansteigen werden als Bitcoin. Das zu wissen, kann dir helfen, Trends zu erkennen."

„Vielen Dank, Max, für all die Tipps und Informationen. Vergiss nicht, mir noch ein paar gute Artikel mitzugeben, die ich mir in Ruhe durchlesen kann. Und jetzt, wo wir mit Bitcoin durch sind, was ist mit all diesen anderen Kryptowährungen, die ich hier im Café sehe?" Tom nickte in Richtung der Tische, die andere Zeichen abbildeten. „Sind das einfach nur Kopien von Bitcoin?"

„Das ist wieder eine sehr spannende Frage", begann er, seine Augen funkelten mit Wissen, das darauf wartete, geteilt zu werden. „Viele Leute denken am Anfang genau das – dass es nur Kopien sind. Aber weit, weit gefehlt." Er machte eine kurze Pause, als ob er den Moment genießen wollte, bevor er weitersprach. „Jede dieser Kryptowährungen, die du hier siehst, hat ihre eigene Geschichte, ihren eigenen Nutzen, ihre eigenen Fans und eigene Risiken. Ethereum zum Beispiel – das ist alles andere als ein bloßer Abklatsch. Ethereum hat das Konzept von sogenannten *Smart Contracts* eingeführt, was im Grunde programmierbare Verträge sind, die automatisch ablaufen, wenn bestimmte Bedingungen erfüllt sind. Litecoin wiederum wurde als schnellere und günstigere Alternative zu Bitcoin entwickelt, vor allem für kleinere Transaktionen. Jede von ihnen hat einen eigenen Nutzen, eine eigene Mission und eine andere Vision."

Toms Blick wanderte über die verschiedenen Zeichen und Symbole, die nun nicht mehr wie zufällige Sticker wirkten, sondern als Teil einer größeren, komplexeren Erzählung.

„Doch", fügte Max hinzu, seine Stimme wieder etwas fester, „alles beginnt bei – und mit – Bitcoin. Es war der erste Schritt, das Original. Es hat den Weg geebnet für all das, was danach kam."

Tom nickte langsam, während er diese neuen Informationen aufnahm. „Also geht es nicht nur um Kopien", sagte er mehr zu sich selbst, als ob er versuchte, alles zu sortieren. „Es sind... verschiedene Wege, das gleiche Ziel zu erreichen?"

Max lächelte anerkennend. „In gewisser Weise, ja. Aber jedes dieser Projekte will auf seine Weise etwas Neues oder Besseres bieten. Und wie du siehst, hat diese Welt der Kryptowährungen viel mehr zu bieten als nur den Traum, schnell reich zu werden. Aber jetzt befinden wir uns bereits mitten im Thema Altcoins und ich glaube, wir verschieben dieses Gespräch auf unser nächstes Treffen, was meinst du?"

Tom nickte zustimmend und stand auf, um sich zu strecken. „Ich glaube, das ist eine gute Idee, denn mein Kopf raucht bereits. Nochmals danke dir für deine Zeit und dass du dein Wissen mit mir geteilt hast. Jetzt kann ich den Hype etwas besser verstehen. Bitcoin wirkt immer noch abstrakt für mich, aber ich glaube, dass sich das mit der Zeit legen kann. Learning by doing, wie man so schön sagt."

Max grinste und klopfte Tom auf die Schulter. „Freut mich, zu hören! Es ist ganz normal, am Anfang ein wenig überwältigt zu sein. Die Welt der Kryptowährungen ist komplex, aber sie wird mit jeder Information, die du aufnimmst, verständlicher."

Tom lachte und schüttelte den Kopf. „Das glaube ich. Mal sehen, wohin uns diese Reise führt. Es ist spannend, und ich freue mich darauf, mehr zu lernen und herauszufinden, was alles möglich ist. Vielleicht werde ich bald ein echter Krypto-Enthusiast!"

„Das wird sicher der Fall sein", erwiderte Max und griff nach seiner Jacke. Er winkte der Bedienung und zog sein Handy aus der Tasche. „Aber bevor wir gehen, müssen wir noch bezahlen."

Tom nickte. „Stimmt! Lass mich meinen Anteil übernehmen."

Nachdem sie bezahlt hatten, bewegten sie sich in Richtung Ausgang des Cafés. „Mit jedem Schritt, den du machst, wirst du mehr über die Möglichkeiten und Herausforderungen erfahren", fuhr Max fort. „Und das Beste daran ist, dass du nicht allein bist. Es gibt eine ganze Community von Menschen, die bereit sind, ihr Wissen zu teilen und sich gegenseitig zu unterstützen. Du wirst schnell merken, dass es viele gibt, die genau das Gleiche erleben wie du."

Tom nickte, während sie die Tür öffneten und die frische Luft einatmeten. „Das klingt ermutigend. Ich denke, ich werde mich in Foren und sozialen Medien umsehen, um mehr zu lernen und vielleicht sogar mit anderen zu diskutieren."

„Das ist ein ausgezeichneter Plan", bestätigte Max. „Und denke daran: Bleib neugierig! Es gibt immer neue Entwicklungen, neue Technologien und Möglichkeiten, die du erkunden kannst."

Mit einem neuen Gefühl der Entschlossenheit und Neugier machten sich die beiden auf den Weg nach draußen, bereit, in das Abenteuer einzutauchen, das vor ihnen lag. Tom fühlte sich inspiriert und motiviert, mehr Zeit in das Thema zu investieren. Er wusste, dass die nächsten Schritte zwar herausfordernd sein würden, aber auch eine Menge Freude und interessante Entwicklungen mit sich bringen können. Und vielleicht würde er eines Tages ein erfahrener Investor in der faszinierenden Welt der Kryptowährungen sein.

Max bringts auf den Punkt - *„Tom kauft seine ersten Satoshis, setzt sich mit den wichtigsten Börsen und den Funktionen wie Limit Orders und Sicherheitsaspekten auseinander und lernt wichtige Indikatoren wie den Fear and Greed-Index und die Bitcoin-Dominanz kennen, um bessere Entscheidungen beim Investieren zu treffen."*

- Limit Order / Market Order

- Fear & Greed Index

- Bitcoin Dominanz

- Google Trends

Hilfsmittel

Fragen

© 2025 Vicente Fernández

Verlag: BoD · Books on Demand GmbH,
Überseering 33, 22297 Hamburg, bod@bod.de
Druck: Libri Plureos GmbH, Friedensallee
273, 22763 Hamburg
ISBN: 978-3-8192-6415-3